Verlag: Stefan Jönsson
Bodenseestr. 121
88682 Salem
stefan@joensson.de

Druck: epubli ein Service der neopubli GmbH Berlin

Wie Sie eine 18-Punkte-Klausur schreiben

Die Kunst des juristischen Gutachtenstils

Eine Einführung
anhand des Strafrechts
mit Formulierungsbeispielen

Inhalt:

Vorwort

Das vorliegende Skript basiert auf meinen Kenntnissen, die ich durch meine langjährige Tätigkeit am Lehrstuhl von Prof. Dr. Puppe erlangt habe und auf meinen Erfahrungen, die ich durch die Korrektur von über 4.000 Klausuren und Hausarbeiten sammeln durfte.

Die juristische Methodik war einer der Schwerpunkte des Lehrstuhls, der neben entsprechenden Vorlesungen zur Methodenlehre auch das empfehlenswerte Lehrbuch „Kleine Schule des juristischen Denkens“ hervorbrachte.

Die Vielzahl der Korrekturtätigkeiten bei verschiedenen Übungsleitern verschaffte mir nicht nur einen Einblick in (kaum) unterschiedliche Bewertungsmaßstäbe, sondern vor allem in die grundsätzlichen Schwächen der meisten Arbeiten. Diese Schwächen basieren nur selten auf mangelndem Fachwissen, sondern fast ausschließlich auf einer fehlenden Methodik bei der Fallbearbeitung.

Daher wendet sich dieses Skript auch allenfalls auf dem ersten Blick an diejenigen, die sich erstmals mit der Technik der Fallbearbeitung, insbesondere dem sog. Gutachtenstil vertraut machen möchten. Sie richtet sich vielmehr an diejenigen Studenten, die bereits über gute Grundkenntnisse – sowohl des Strafrechts wie auch der Fallbearbeitung – verfügen und nunmehr ihre Technik verbessern bzw. auf Examensniveau bringen möchten. D.h., sie soll dem Leser helfen, die Qualität seiner Fallbearbeitung zu optimieren und ihm letztlich eine bessere Note bescheren.

Dabei sei bereits an dieser Stelle deutlich darauf hingewiesen, dass allein die Beherrschung der Fallbearbeitungstechnik nur einer von vier

Faktoren ist, auf den es für erfolgreiche Bearbeitung von Klausuren bzw. Hausarbeiten ankommt. Die anderen drei Faktoren sind neben dem juristischen Wissen und der Methodik vor allem die ausreichende Übung. Deshalb schreiben Sie so viele Arbeiten wie möglich.

Gewarnt sei hier jedoch zugleich vor dem sinnlosen Klausurenschreiben. Das Schreiben einer Klausur ist nur dann sinnvoll, wenn man sich im Klaren ist, weshalb man überhaupt fünf Stunden investiert und nicht bloß opfert. Ich teile zwar nicht die Auffassung von Haft, dass allein ein paar Probeklausuren ausreichen, um das Optimum im Examen zu erreichen. Jedoch bin ich der Überzeugung, dass das bloße Schreiben einer Klausur reine Zeitverschwendung ist, wenn man diese nicht nachbearbeitet, um seine Fallbearbeitungstechnik und Methodik zu verbessern.

Eine effiziente Nacharbeitung bedeutet, an der Klausurbesprechung teilzunehmen und die Bemerkungen des Korrektors zu analysieren, ggf. auch durch Nachfragen.

Für die Besprechung der Klausur gilt das zu ihrem Schreiben Gesagte entsprechend. Sie müssen sich auch hier bewusst sein, was Sie von der Besprechung erwarten. Wenn Sie hoffen, dass die Besprechung Ihre (hoffentlich letzten) Wissenslücken im materiellen Recht schließt, dann erscheint es tatsächlich im Einzelfall sinnvoller zu sein, ein Lehrbuch oder auch einen Kommentar zu Rate zu ziehen, um diese Lücke zu schließen.

Sie können von einer Übung/Besprechung nicht verlangen, dass sie Ihren Wissenstand erhöht, soweit das reine abstrakte Wissen betroffen ist. Das ist aber auch nicht die Aufgabe einer Übungsstunde bzw. einer Klausurbesprechung, denn diese verfolgt primär den Zweck, Ihnen di-

rekt aus der Sicht des Übungsleiters aufzuzeigen, wo die Probleme des Falles waren und wie diese unter den konkreten Umständen der Klausur zu gewichten gewesen wären, d.h. wie die Schwerpunkte sinnvoller Weise hätten gesetzt werden müssen, um Punkte zu erlangen.

Die Besprechung ist grundsätzlich nur geeignet, allgemeine Informationen zu vermitteln, die alle Kandidaten für eine bessere Klausur hätten berücksichtigen müssen. Dabei kann der Übungsleiter zwar auf Besonderheiten der konkreten Bearbeitung Rücksicht nehmen, wenn er selbst korrigiert hat oder entsprechende Korrekturberichte von seinen Assistenten erhalten hat. Dennoch können nur allgemeine Fehler angesprochen werden, etwa das 30 % der Bearbeiter die Erpressungsabsicht bei § 239a StGB fälschlicher Weise im objektiven Tatbestand geprüft haben. Wenn Sie den § 239a StGB in Ihrer Bearbeitung komplett übersehen hatten, erkennen Sie schnell, welchen Nutzen die Besprechung bringt, denn diese Information hätten Sie in den Lösungshinweisen höchstwahrscheinlich übersehen und der Korrektor hätte Ihnen wohl kaum mehr als das Fehlen des § 239a StGB angemerkt. Den Aufbau des § 239a StGB oder gar das systematische Verhältnis zu § 239b StGB hätte er Ihnen eher nicht erklärt und auch nicht, wie Sie dies in der Klausur hätten behandeln müssen, um in einen zweistelligen Punktbereich zu gelangen.

Für methodische Fehler gilt für die Besprechung das Gleiche. Auch hier können Sie den Nutzen daraus ziehen, aus allgemeinen Fehlern zu lernen, die sich weder aus den Lösungshinweisen noch aus der Korrektur ergeben.

Lösungshinweise sind keine Musterlösungen, die man mit 18-Punkten bewerten würde. Sie dienen allein dazu, auf die wesentlichen Probleme des Falles hinzuweisen. Fallbearbeitungstechnik und Methodik werden dabei regelmäßig (komplett) vernachlässigt.

Daher gehört eine (selbst)kritische Analyse der Korrekturhinweise und Bemerkungen zu dem zweiten wesentlichen Part einer optimalen Nachbearbeitung. Das setzt natürlich auch voraus, dass Ihre Arbeit ausreichend Anmerkungen enthält, die Ihre Fähigkeit, Ihr Wissen für die Fallbearbeitung methodisch richtig umzusetzen, verbessern lässt. Dies gilt insbesondere wenn es sich um eine Übungsklausur oder gar eine Klausur zur Examensvorbereitung handelt, dann sollten die Bemerkungen nicht nur Ihre Note begründen, sondern vor allem dazu beitragen, dass Sie sich verbessern (können). Die Korrektur sollte Ihnen helfen, individuelle Mängel Ihrer Arbeit zu erkennen, um sie zukünftig zu vermeiden. Daher sollten Sie sich mit jeder Randbemerkung auseinandersetzen und den Korrektor oder auch den Übungsleiter fragen, wenn Sie nach der Nacharbeitung immer noch nicht wissen, wieso Ihnen nicht die volle Punktzahl zuteil wurde und was Sie hätten anders machen müssen.

Das gleiche Angebot gilt natürlich auch, wenn Ihnen bei den folgenden Ausführungen etwas unklar sein sollte oder Sie von einer anderen Sichtweise überzeugt sein sollten, die ich (unkorrekter Weise) gar nicht berücksichtigt habe. Zögern Sie nicht, mir eine E-Mail zu schreiben. Meine Adresse lautet: stefan@joensson.de

Überlingen 2016

A. Das juristische Gutachten

„Denn es ist nicht genug, einen guten Kopf zu haben; die Hauptsache ist, ihn richtig anzuwenden.“

RENÉ DESCARTES

Die Aufgabe in einer Klausur besteht regelmäßig darin, ein juristisches Gutachten zu erstellen. Dazu muss man sich zunächst einmal vergegenwärtigen, worin der Sinn und Zweck eines solchen Gutachtens überhaupt besteht, um der Aufgabe gerecht zu werden.

Ein juristisches Gutachten dient in der Praxis - wie in der Ausbildung - dazu, dem Leser aufzuzeigen, welche Rechtsfolgen sich aus dem Sachverhalt ergeben, der zu prüfen ist. Im Strafrecht heißt dies konkret, welche Straftatbestände der Täter durch sein Verhalten verwirklicht hat bzw. auch nicht. Ein Gutachten bezieht sich somit stets auf einen konkreten Fall, so dass sämtliche Rechtsausführungen, die für die Entscheidung des Falles nicht erforderlich sind, entbehrlich und somit überflüssig, also falsch(!) sind. Nur ausnahmsweise kann es geboten sein, dem Leser aufzuzeigen, dass es gerade nicht auf die Beantwortung einer Rechtsfrage ankommt, um den Fall zu entscheiden. **Bei einer rechtlichen Würdigung ist jeder Satz, der zu ihrer Beantwortung nicht zwingend erforderlich ist, überflüssig und falsch.**

Im Rahmen der universitären Ausbildung soll mit der Aufgabe der Gutachtenerstellung zugleich die Fähigkeit des Verfassers geprüft werden, ob dieser sein abstraktes Wissen auf den konkreten Fall transferieren kann. Auch hierbei ist es unumgänglich nur das zu transferieren, was für die Entscheidung notwendig ist. Das Fachwissen selbst ist also nur Voraussetzung für die Erbringung dieser Transferleistung, so dass allein die juristischen Kenntnisse keine hinreichende, sondern nur eine notwendige Bedingung für die Erstellung eines juristischen Gutachtens sind.

Eine Vielzahl von Fallsammlungen ist daher nur bedingt geeignet, die Fallbearbeitungstechnik optimal zu vermitteln, da sie zugleich auf lehrbuchartige Weise versuchen, abstraktes Wissen für einen ähnlich gelagerten Fall zu vermitteln.

Vom Urteil unterscheidet sich das Gutachten im Wesentlichen in zwei Punkten. Bei einem Urteil steht das Ergebnis (der Tenor) am Anfang und wird begründet. **In einem Gutachten geht es darum, durch die Prüfung der Voraussetzungen einer Norm zum Ergebnis zu gelangen.**

Des Weiteren ist das Gutachten regelmäßig umfangreicher als ein Urteil zum selben Sachverhalt. Denn in einen Gutachten sind nicht nur die Tatbestände zu erörtern, die einschlägig sind, sondern es bedarf regelmäßig auch einer Abgrenzung zu anderen Tatbeständen bzw. einer Klärung, welche Tatbestände nicht erfüllt sind, obwohl sie prima facie in Betracht kommen.

Das Urteil dient hingegen ausschließlich der Begründung der Entscheidung, d.h. ein obiter dictum ist eine Ausnahme.

I. Adressat eines Gutachtens

Das Gutachten soll den Leser in die Lage versetzen, die rechtliche Würdigung einfach nachzuvollziehen. Im Gegenteil zum Urteil, das nicht nur im Namen des Volkes ergeht, sondern vor allem auch vom Volk verstanden werden soll, richtet sich das Gutachten grundsätzlich an juristische Leser. Dadurch hat der Ersteller des Gutachtens jedoch noch nichts gewonnen. Zwar darf er einen gewissen Kenntnisstand voraussetzen, aber gleichwohl ersetzen Schlagwörter und Fachbegriffe keine stringente und nachvollziehbare Lösung des Falles. Der Leser muss durch das Gutachten von der Richtigkeit der rechtlichen Würdigung überzeugt werden. Je überzeugender daher das Gutachten, desto besser ist es. Sind sich Leser und Gutachter nur im Ergebnis einig, so wurde der Leser nicht überzeugt, sondern ist nur mehr oder weniger zufällig derselben Rechtsauffassung, wie der Gutachter. Dafür hätte der Adressat das Gutachten nicht lesen müssen und wird entsprechend davon nicht begeistert sein.

Der Vorteil des juristischen Vorverständnisses auf der Seite des Lesers ist daher zugleich die besondere Schwierigkeit, diesen von der Richtigkeit der eigenen rechtlichen Würdigung zu überzeugen. Denn Juristen haben regelmäßig eine Rechtsauffassung, die bei der Prüfungsarbeit zuweilen in Form einer Lösungsskizze existiert und es ist naturgemäß schwieriger jemanden zu überzeugen, der bereits einen Standpunkt eingenommen hat als jemand der unbefangen an eine Sache herangeht.

Auch wenn Lösungsskizzen im Idealfall sämtliche vertretbaren Ansichten enthalten sollen, so ist es auch dort oft unvermeidbar eine Hauptlösung zu favorisieren, bei denen lediglich Alternativen und aufgezeigt werden. Der juristische Leser kennt diese Weggabelungen und erwartet deshalb an diesen problematischen Stellen auch den Schwerpunkt des Gutachtens und eine Auseinandersetzung mit den unterschiedlichen Auffassungen und deren Argumenten.

Deshalb reicht es zur Überzeugungsbildung nicht aus, dass der Gutachter etwa die Frage, ob eine Fotokopie eine Urkunde im Sinne des § 267 I StGB ist, mit dem Hinweis verneint, dass das nach herrschender Lehre und der höchstrichterlichen Rechtsprechung eben nicht der Fall sei.

II. Schreiben für den Korrekturassistenten?

Wer nicht weiß, was der Adressat seiner Arbeit erwartet, läuft schnell Gefahr diese Erwartungen nicht zu erfüllen. Wer die Erwartungen, die an ihn gestellt werden, hingegen kennt, muss nur noch Sorge dafür tragen, diesen gerecht zu werden.

Der Adressat einer Prüfungsarbeit ist der Korrektor. Einmal abgesehen von Examensarbeiten dient die Korrektur nicht nur der Grundlage für eine Bewertung der Arbeit, sondern auch der Verbesserung des Prüflings. Der Korrektor verfolgt daher zwei Ziele. Erstens soll er Ihr Gutachten bewerten. Zweitens soll er Ihnen aufzeigen, wie die Fehler vermieden und die Arbeit verbessert werden könnte.[1]

Zur Bewertung des Gutachtens verfügt der Korrektor regelmäßig über eine (umfangreiche) Lösungsskizze, die entweder vom Dozenten persönlich oder in Zusammenarbeit mit einem erfahrenen wissenschaftlichen Mitarbeiter erstellt wurde. Anhand der Lösungsskizze werden die Probleme des Falles und damit die Anforderungen an den Klausurschreiber festgelegt. Die Anforderungen werden zudem maßgeblich von der Veranstaltung begleitet, in dessen Rahmen die Klausur erfolgt.[2] Daher findet zusätzlich eine ausführliche Besprechung zwischen Dozenten und den Korrekturassistenten statt. Da man weder der Besprechung beiwohnen kann, noch die Lösungsskizze kennt, kann man nur hoffen, keine Lehrveranstaltung verpasst zu haben. Hinsichtlich der Lösungsskizze sollte

---

[1] Leider lassen zahlreiche Korrekturen gerade den zweiten Aspekt oftmals unberücksichtigt, was jedoch nicht nur auf die mäßige Bezahlung für die Korrekturarbeit allein, sondern vor allem auf das mangelnde Interesse der Prüflinge an solchen Hinweisen zurückzuführen ist. Die wenigsten Beschwerden erfolgen aufgrund dessen, dass es an Hinweisen mangelt, die die Bewertung rechtfertigen. Gleichwohl hilft es niemanden, wenn er aufgrund einer Remonstration für eine Übungsklausur neun anstatt sieben Punkte erhält, aber aufgrund des gleichen Fehlers im Examen immer noch kein Prädikat. Übungsklausuren sollen auch als solche verstanden werden.

[2] In Examensarbeiten ergeben sich die Anforderungen aus dem Gesetz (JAG und JVO).

man wiederum die grundlegende Struktur einer solchen kennen, um den Erwartungen des Korrektors zu genügen.
Eine Lösungsskizze entspricht einer Gliederung mit Schwerpunkt auf die Probleme des Falles. Diese sind deutlich hervorgehoben sind. D.h. es werden sämtliche Meinungen und deren wesentliche Argumente mit Nachweisen dargestellt. Hingegen findet der Korrektor bei einfachen Tatbeständen bzw. Merkmalen lediglich ein plus oder ein Minus vor. Deshalb hofft der Korrektor, dass die von ihm geprüfte Arbeit, eine vergleichbare Schwerpunktsetzung aufweist und nicht etwa dazu genutzt wird, den Gutachtenstil an völlig offensichtlichen Tatbestandsmerkmalen zu demonstrieren.
Der Idealfall für einen jeden Korrektor ist es, wenn er das Gutachten komplett liest und mit dem Satz „*Eine besonders hervorragende Leistung, 18 Punkte*" abschließen kann. Er musste wenig Arbeit und wenig Zeit investieren und hat sehr wahrscheinlich selbst noch etwas dazu gelernt. Hingegen erfordert eine Korrektur mehr Arbeit und Begründungsaufwand, je schlechter sie ist. Das ist weder für den Prüfling, noch für den Korrektor erstrebenswert. Daher ist jeder Korrektor grundsätzlich auf Ihrer Seite.
Eine „schlechte" Übungsklausur hat jedoch einen immensen Vorteil gegenüber einer 18-Punkte-Arbeit. Denn jeden Fehler, den Sie in einer Übungsklausur machen, können Sie im Examen dann hoffentlich vermeiden. **Freuen Sie sich also über schlechte Arbeiten.** Sie haben den größten Lerneffekt und bringen Ihnen für die Vorbereitung auf den Ernstfall den größten Nutzen (wenn der Korrektor seinerseits gute Arbeit geleistet hat).

III. Schemata

Die Erstellung eines Gutachtens ist mehr als die Anwendung des Sachverhalts auf ein vorgefertigtes Schema.

Schemata bieten zunächst eine gewisse Sicherheit, dass sämtliche Prüfungspunkte bei der Fallbearbeitung berücksichtigt werden. Das ist jedoch zugleich ihr Nachteil. Denn sämtliche Prüfungspunkte werden gleichwertig dargestellt. Ein Schema ist abstrakt und daher ungeeignet, eine optimale Schwerpunktsetzung für den konkreten Fall zu gewährleisten. Gleichwohl ist es unverzichtbar, grundlegende Schemata zu beherrschen, um dem Erfordernis der Vollständigkeit zu genügen. Speziell wenn sich aus den Schemata Prüfungspunkte ergeben, die sich nicht unmittelbar aus dem Gesetz ergeben, wie etwa der Vierklang des objektiven Betrugstatbestandes: Täuschung, Irrtum, Verfügung und Schaden.

B. Vor der Fallbearbeitung

> *„Give me six hours to chop down a tree*
> *and I will spend the first four sharpening the axe."*
>
> ABRAHAM LINCOLN

Vor der eigentlichen Erstellung des Gutachtens werden bereits die Weichen für den Erfolg der Klausur gestellt. Das ist gut, da hier die Konzentration regelmäßig noch am höchsten ist. Missverständnisse bei der Lektüre des Sachverhalts oder des Bearbeitervermerks führen nicht selten zum kompletten Scheitern der Klausur. Die folgenden beiden Punkte sind nicht zu unterschätzen, denn weil sie eigentlich selbstverständlich sind, werden sie in vielen Fällen unterschätzt und führen leicht zu vermeidbaren Punktverlust.

I. Lesen Sie den Bearbeitervermerk

Beginnen Sie die Arbeit von hinten. Lesen Sie zuerst den Bearbeitervermerk, d.h. die Aufgabenstellung. Dadurch wissen Sie, worauf Sie bei der Sachverhaltslektüre besonders achten müssen. Alles was nicht zu prüfen ist, sollte Sie nicht weiter beschäftigen. Fragen Sie sich also nicht, warum ein Tatbestand oder eine Person bei der Prüfung außer Acht bleiben soll. Dies hat in der Regel den Grund, dass eine entsprechende Prüfung keine besonderen Fähigkeiten abverlangt, die für die Notenbildung maßgeblich sein könnten.

Vorsicht ist jedoch geboten, wenn die Strafbarkeit einzelner Beteiligter nicht geprüft werden soll. Dann kann es nämlich trotzdem sein, dass man deren Verhalten zur Begründung einer strafbaren Beteiligung benötigt, etwa weil diese eine Vortat oder eine Haupttat begangen haben. Sie liegen mit einer entsprechenden Prüfung nicht selten bereits über dem

Durchschnitt. Denn selbst, wenn die Prüfung als solche unproblematisch sein sollte, so zeigen Sie die Fähigkeit komplexe Zusammenhänge zu erkennen.

II. Analysieren Sie den Sachverhalt

Wer den Sachverhalt nur schnell und oberflächlich liest, weil er etwa meint, dadurch Zeit zu sparen, um überhaupt mit der Klausur fertig zu werden, wird wahrscheinlich nicht viel davon haben, dass er fertig wurde.

Deshalb sollte der Sachverhalt mit größtmöglicher Konzentration gelesen werden. Jedes Wort kann von Bedeutung sein. Denn im ersten Examen wird von Ihnen grundsätzlich nur erwartet, dass Sie zeigen können, dass Sie auf rechtlicher Ebene Problematisches von Unproblematischem trennen können. Das heißt zugleich, dass fast jedes Wort für die Lösung des Falles fruchtbar gemacht werden kann (und dann auch sollte). Auf der anderen Seite heißt es, dass jedes Wort, das falsch verstanden wird, zu einem falschen Ergebnis, genauer: zu einem falschen Lösungsweg führen kann.

Die genaue Arbeit mit den Details und Besonderheiten des Falles begründet regelmäßig erheblich mehr Punkte bei der Bewertung.

Die Sorgfältigkeit des Lesens sollte vor allem dann nicht vernachlässigt werden, wenn Sie glauben, dass Sie den Fall aus der BGH-Rechtsprechung wiedererkennen.

Bei (scheinbaren) Originalfällen bestehen zwei Gefahren:

Die erste Gefahr besteht darin, dass man eine mögliche Nuance nicht erkennt und den Originalfall in den Klausursachverhalt hineinliest.

Die zweite Gefahr betrifft eigentlich erst die Bearbeitung des Falles, gleichwohl sei wegen der Bedeutung dieser Gefahr bereits an dieser

Stelle darauf hingewiesen. Wenn ein Originalfall Gegenstand einer Klausur ist, dann reicht es nicht aus, wenn man die Klausur allein aus der Perspektive der Rechtsprechung löst. Die Gefahr, die Dinge unberücksichtigt zu lassen, mit denen sich der BGH in seiner Entscheidung nicht auseinandersetzen musste, ist eine häufige Ursache für die Erklärung, warum eine richtige (genauer: vertretbare) Lösung nicht mit einem Prädikat benotet wurde. Denn gerade Originalfälle, die zu Klausuren mutieren, sind in der Lehre auf entsprechende Kritik gestoßen. Denklogisch war es also bereits nicht möglich, dass sich der BGH mit Überlegungen auseinandersetzt, die erst nach seiner Entscheidungen im Raum standen. **Diese Auseinandersetzung ist der Schwerpunkt Ihrer Aufgabe in einem juristischen Gutachten als Prüfungsleistung.**

- **Schreiben Sie sich alle Handlungen, Erfolge und Absichten des Täters heraus**

Grundvoraussetzung, damit Sie eine Klausur überhaupt bestehen können, ist es natürlich, die einschlägigen Tatbestände zu finden, d.h. die Strafnormen, die der Täter möglicherweise verwirklicht hat. Durch eine systematische Untersuchung der Sachverhaltsangaben lassen sich mögliche Strafbarkeiten aufspüren.

Die maßgeblichen Angaben sind:

1. Handlungen
2. Erfolge/Rechtsgutsverletzung oder Rechtsgutsgefährdungen
3. Absichten und Wissen des Täters

Aufgrund dessen, dass sich alle Delikte in die beiden Kategorien Unterlassungs- und Begehungsdelikte einteilen lassen, kann die zweite Kategorie bereits dadurch komplett abgedeckt werden, dass die einzelnen Handlungen geprüft werden.

Notieren oder markieren Sie sich daher jede einzelne Handlung, die der Sachverhalt enthält. Diese Handlung sollte übrigens dann später auch diejenige sein, die Sie in Ihrem Obersatz nennen, um sie zu prüfen. Dabei können Sie grundsätzlich einfach das Vokabular des Sachverhaltsstellers übernehmen.

Unterlassungsdelikte können hingegen teilweise schwieriger zu entdecken sein. Sie können sich nicht darauf verlassen, dass eine unterlassene Handlung im Sachverhalt genannt wird. Jedoch lassen sich auch die Unterlassungsdelikte ihrerseits in zwei Gruppen aufteilen, die eine systematische Suche ermöglichen. Anders als Begehungsdelikte[3] lassen sich Unterlassungsdelikte nämlich immer untergliedern in vollendete oder nur versuchte Unterlassungen. Damit Sie ein vollendetes Unterlassungsdelikt nicht übersehen, müssen sie nach sog. Erfolgen/Rechtsgutsverletzungen suchen (und markieren). Ein versuchtes Unterlassungsdelikt kommt hingegen nur dann in Betracht, wenn der Täter eine Gefahr erkennt und keine Handlung vornimmt, die diese Gefahr abwendet. Der Umstand, dass der Täter die Gefahr erkennen muss, muss sich aus dem Sachverhalt ergeben. D.h. der Sachverhalt muss als Drittes auf Informationen zur subjektiven Tatseite des Täters analysiert werden.

Wenn der Sachverhalt keine Angaben zur subjektiven Tatseite enthält und die Verwirklichung eines Delikts im objektiven Tatbestand scheitert, ist kein Raum für eine Versuchsprüfung: Wer seine eigene Tasche wegnimmt, begeht keinen versuchten Diebstahl, wenn er weiß, dass es seine Tasche ist.

---

[3] Das reine Begehungsdelikt, das sog. Tätigkeitsdelikt, wie etwa die Trunkenheitsfahrt, hat keinen tatbestandlichen Erfolg im engeren Sinne.

Mit anderen Worten setzt eine Versuchsprüfung stets eine Abweichung zwischen objektivem und subjektivem Tatbestand voraus. Sind subjektiver und objektiver Tatbestand erfüllt, ist die Tat vollendet. Ist weder der subjektive, noch der objektive Tatbestand erfüllt, bleibt der Täter straflos; ebenso wenn nur der objektive Tatbestand erfüllt ist, d.h. wenn der subjektive Tatbestand nicht erfüllt ist, ist der Täter immer straflos. Ist nur der subjektive Tatbestand erfüllt, dann liegt „nur" ein Versuch vor.

Für einen Versuch muss der Täter im Zeitpunkt seiner Handlung glauben, dass er den objektiven Tatbestand erfüllen wird. Wer diese Grundlagen nicht beherzigt, läuft sehr schnell Gefahr, dass seine Arbeit unter dem Strich liegt.

Ein Beispiel für eine typische Konstellation, bei der eine Unterlassung leicht übersehen werden kann, liegt etwa vor, wenn der Täter sein Opfer schlägt, aber erst nach dem Schlag erkennt, dass dieser so heftig war, dass das Opfer nunmehr an den Folgen sterben könnte. Wird das Opfer durch ein Wunder oder durch einen Dritten gerettet, kommt neben der Körperverletzung zugleich eine versuchte Tötung durch Unterlassen in Betracht.

III. Grobstruktur zur Gliederung/ Schwerpunktsetzung

Ein Gutachten muss dem Leser die Lösung in verständlicher und überzeugender Weise präsentieren. Die Verständlichkeit ist dabei zugleich auch Voraussetzung für die Überzeugungskraft der Arbeit. Je überzeugender die Arbeit desto besser wird sie bewertet. Die Verständlichkeit der Arbeit hängt erheblich von ihrer Gliederung ab, d.h. von einem nachvollziehbaren Aufbau und einer systematischen Prüfungsreihenfolge, wobei der Prüfungsaufbau keiner Erklärung bedarf. Vielmehr ist es sogar falsch, wenn eine derartige Erklärung vorgenommen wird.

Merke: Der Prüfungsaufbau ist nicht zu erläutern.

Eine Gliederung dient der Strukturierung der Arbeit; zur Verbesserung ihrer Verständlichkeit. Gleichzeitig birgt jede Aufgliederung die Gefahr in sich, dass Zusammenhänge übersehen werden. Das gilt sowohl für eine Gliederung nach Beteiligten, wie auch für eine Gliederung nach Tatkomplexen.

1. Gliederung durch Tatkomplexe

In umfangreicheren Arbeiten, bei denen sich der Sachverhalt aus mehreren Einzelabschnitten zusammensetzt, ist die Bildung von sog. Tatkomplexen eine gute und übliche Vorgehensweise, eine erste Struktur zu erlangen. Man schlägt zwei Fliegen mit einer Klappe, indem man dem Leser den Fall in mundgerechten Stücken serviert und gleichzeitig vermittelt, welche Passagen zusammenhängen. Die Aufspaltung des Sachverhalts birgt jedoch zugleich auch immer die Gefahr in sich, vorhandene Zusammenhänge zu übersehen. Dies gilt insbesondere bei Sachverhalten, die Dauerdelikte oder mehraktige Delikte zum Gegenstand haben.

Bei der Bezeichnung der Tatkomplexe sind der Phantasie nur durch das Gebot der Verständlichkeit und der Methodik Grenzen gesetzt. Die Bezeichnung sollte die zu prüfenden Handlungen zusammenfassen. Die Grenzen des Tatkomplexes können durch zeitliche und örtliche Elemente gesteckt werden. Unzulässig und auch fehlerhaft ist jedoch die Verwendung von gesetzlichen Merkmalen, da diese noch zu prüfen sind.

Formulierungsbeispiele für Tatkomplexe:

Richtig: „Das Geschehen am Bahnhof"

Richtig: „Die Fahrt in den Wald"

Richtig: „Die Rache"

Richtig: „Der Überfall"

Falsch: „Der fehlgeschlagene Versuch"

Falsch: „Die Wegnahme des Geldes"

Falsch: „Die Schutzgelderpressung"

2. Gliederung nach den Beteiligten

Sind die Strafbarkeiten mehrerer Beteiligter zu prüfen, sollte die Strafbarkeit jedes Einzelnen gesondert geprüft werden. Hierbei sollte man mit dem Tatnächsten beginnen und ein besonderes Augenmerk auf mögliche Zusammenhänge, insbesondere bei Täterschaft und Teilnahme legen (siehe zur Prüfung mehrerer Beteiligter, S. 52).

3. Suchen Sie die in Betracht kommenden Tatbestände

Wenn Sie alle Handlungen, Erfolge und Absichten gefunden haben, beginnt die erste juristische Arbeit: Welche konkreten Sachverhaltsinformationen gehören zusammen? D.h. welche Handlung hat welchen Erfolg verursacht, welche Handlung blieb ohne Erfolg, welche Handlung erfolgte aufgrund welcher Absicht und so weiter.

Wenn Sie nunmehr die Komponenten gefunden haben, die zusammengehören, dann erfolgt der zweite juristische Schritt: Welche Tatbestände sind erfüllt bzw. sind möglicherweise erfüllt? An dieser Stelle sollte man sich vor allem bewusst sein, dass eine Handlung durchaus mehrere (sehr) unterschiedliche Tatbestände erfüllen kann bzw. dass eine Abgrenzung zu diesen erforderlich ist. Beispielsweise kann allein das Einstecken einer Sache über 10(!) unterschiedliche Tatbestände erfüllen, von denen nicht alle so offensichtlich sind, wie der Diebstahl nach § 242 I StGB. Es könnte zugleich ein Regelbeispiel (§ 243 StGB) oder eine Qualifikation (§ 244 StGB) vorliegen oder ein (schwerer) Raub (§§ 249 ff. StGB) oder auch nur eine Unterschlagung (§ 246 StGB). Ebenso kann das Verhältnis des Täters zum Geschädigten Anhaltspunkte für eine Untreue (§ 266 StGB) oder auch für eine Hehlerei (§ 259 StGB) oder eine sonstige Anschlusstat bieten.

Auch sind Konstellation denkbar, bei denen das Einstecken der Sache als Täuschungshandlung im Sinne des Betrugstatbestandes (§ 263 I StGB) gewertet werden könnte. Handelt es sich bei der Sache um eine Urkunde, so ist auch der Weg offen, den 23. Abschnitt des StGB unter die Lupe zu nehmen. Gehört allein dem Täter die Sache, so kann auch eine Pfandkehr (§ 290 StGB) einschlägig sein.

Was heißt das für Sie und Ihre Fallbearbeitung? Hören Sie nicht auf zu suchen, wenn Sie einem Verhalten einen Tatbestand zuordnen konnten. Denken Sie an mögliche Qualifikationen, Privilegierungen und Tatbestände, zu denen eine Abgrenzung erforderlich sein kann. Derartige Abgrenzungen gehören nicht nur zu den Standards, sondern sind regelmäßig auch ein Hauptproblem in Klausuren und Hausarbeiten.

Daneben kann eine weitere Aufgabe auch darin bestehen, dass Sie erkennen, dass die Verneinung eines Tatbestandes dazu führt, dass ein anderer Tatbestand erfüllt sein kann. Hierdurch zeigen Sie dem Prüfer zugleich systematisches Verständnis innerhalb des Strafrechts. Aus diesen Gründen können auch die unten genannten Grundsätze zur Prüfungsreihenfolge der einzelnen Delikte für das Aufspüren von weiteren Tatbeständen fruchtbar gemacht werden:

- Wenn eine mittelbare Täterschaft entfällt, denken Sie an eine mögliche Teilnahme.
- Wenn der Täter keinen Vorsatz hat, denken Sie an eine Fahrlässigkeitsstrafbarkeit.
- Wenn der Täter den Erfolg nicht verursacht hat, denken Sie daran, ob er ggf. zur Verhinderung verpflichtet war
- und wenn er den Erfolg nicht hätte verhindern können, ob ein Versuch in Betracht kommt.

4. Prüfungsreihenfolge der einzelnen Tatbestände festlegen

Während die grobe Gliederung der Arbeit primär der Verständlichkeit dient, können Sie durch die Reihenfolge, in der Sie die einzelnen Delikte prüfen, systematisches Verständnis zeigen.

Der Festlegung der Prüfungsreihenfolge kommt damit bereits eine entscheidende Bedeutung zu, auch für die Bewertung Ihrer Arbeit. Konkurrenzrechtliche Erwägungen können Sie gewissermaßen bereits auf Tatbestandsebene berücksichtigen, um sich entbehrliche Ausführungen zu ersparen, um somit die Schwerpunktsetzung zu untermauern. Die Wichtigkeit, die Konkurrenzen zu beherrschen, wird an dieser Stelle bereits deutlich. Es gibt keine Examensarbeit, bei der die Konkurrenzen keine Rolle spielen. Im Rahmen der Examensvorbereitung sollte man sich daher die Zeit nehmen, sich die Konkurrenzen mittels eines Kommentars vertieft anzueignen.

Die Prüfung innerhalb der jeweiligen Tatkomplexe sollte grundsätzlich mit dem schwersten in Betracht kommenden Delikt erfolgen, d.h. mit dem Delikt, das die höchste Strafandrohung hat.

> **Merke**: Grundsätzlich sollten Sie mit dem schwersten Delikt des jeweiligen Tatkomplexes beginnen.

Eine wesentliche Ausnahme von diesem Grundsatz existiert jedoch in den Fällen, in denen ein leichteres Delikt als wesensgleiches Minus quasi Voraussetzung für das schwere Delikt ist und im Ergebnis zu verneinen sein wird. Wenn etwa ein Diebstahl an der Wegnahme scheitert, dann gibt es keinen Grund mit einem Raub zu beginnen und womöglich noch seitenlange Ausführungen zur qualifizierten Nötigung zu machen. Wenn der Täter keinen Diebstahl verwirklicht hat, dann kann er auch keinen Raub verwirklicht haben. Wenn der Totschlag am Vorsatz scheitert, dann ist die Prüfung von Mordmerkmalen nicht geboten.
Aus systematischen Gründen existieren weitere wichtige Grundsätze zur Reihenfolge der Prüfung.

> **Grundsätze der Prüfungsreihenfolge:**
>
> a. Täterschaft vor Teilnahme
> b. Vollendung vor Versuch
> c. Vorsatz vor Fahrlässigkeit
> d. Begehen vor Unterlassen
> e. Spezielle Tatbestände vor allgemeinen
> f. Grundtatbestand vor Qualifikation/Privilegierung

a. Täterschaft vor Teilnahme

Wenn sich die Frage stellt, ob sich ein Beteiligter als Täter oder Teilnehmer strafbar gemacht haben kann, ist zunächst die (mit-)täterschaftliche Beteiligung zu prüfen. Denn die (Mit-)Täterschaft ist die strengste Form der Beteiligung, da der Täter den Tatbestand entweder selbst verwirklicht oder er sich die Verwirklichung wie sein eigenes Handeln nach § 25 I 2.Alt StGB bzw. § 25 II StGB zurechnen lassen muss.

Demgegenüber handelt es sich bei der Teilnahme nicht um Zurechnung, sondern um Akzessorietät. Das heißt, obwohl die Teilnahmehandlung möglicherweise vor der eigentlichen Haupttat erfolgt, setzt eine vollendete Teilnahmetat voraus, dass die Haupttat begangen wurde. Dementsprechend sollte die Haupttat vor der Teilnahme geprüft werden, um eine inzidente Prüfung im Rahmen des objektiven Tatbestandes der Teilnahme zu vermeiden. Bei der Teilnahmeprüfung sollte sich der Prüfungspunkt der vorsätzlichen rechtswidrigen Haupttat auf einen kurzen Verweis begrenzen.

b. Vollendung vor Versuch

In jeder Vollendung ist ein Versuch enthalten. Eine Vollendung ist daher immer vorrangig zu prüfen. Das gilt auch dann, wenn eine problematische Abgrenzung von Vollendung und Versuch erforderlich ist und eine Vollendung im Ergebnis abgelehnt wird. Dadurch wird nicht nur eine kopflastige Vorprüfung innerhalb des Versuchs vermieden und das Problem für den Leser gewissermaßen gut verdaubar ausgegliedert, sondern vor allem dokumentiert eine solche Prüfung, dass man das Verhältnis zwischen Versuch und Vollendung verstanden hat.

Wenn hingegen offensichtlich keine Vollendung vorliegt, genügt die bloße kurze Feststellung im Rahmen der Vorprüfung des Versuchs, an welchem Tatbestandsmerkmal die Vollendung gescheitert ist.

Je nach Offensichtlichkeit kann zwischen der bloßen Feststellung, dass keine Vollendung vorliegt, bis hin zur genauen Feststellung, aufgrund welcher Tatsache ein bestimmtes Merkmal nicht verwirklicht wurde, eine entsprechende Prüfung erfolgen.

In diesem Zusammenhang sei auf den häufigen (materiellen) Fehler hingewiesen, dass eine Vollendung nicht deshalb zu verneinen ist, weil der Erfolg später wieder entfallen ist, etwa weil der Bestohlene dem Dieb die Sache gleich wieder abnehmen konnte.

c. Vorsatz vor Fahrlässigkeit

Strafbar ist gem. § 15 StGB nur vorsätzliches Handeln[4], wenn nicht das Gesetz fahrlässiges Handeln ausdrücklich mit Strafe bedroht. Wenn offensichtlich kein Vorsatz gegeben ist, sollte höchstens eine kurze Feststellung erfolgen, dass eine Vorsatzprüfung mangels Kenntnis des Täters über das entsprechenden Tatbestandsmerkmal nicht in Betracht kommt, d.h. formulieren Sie § 16 I StGB unter Bezugnahme des konkreten Falles einfach um.[5]

Ist hingegen eine Abgrenzung zwischen Vorsatz und Fahrlässigkeit erforderlich, dann ist eine Vorsatzprüfung selbst dann zwingend vorzunehmen, wenn man den Vorsatz im Ergebnis ablehnt. Im Rahmen eines Fahrlässigkeitsdelikts gibt es nämlich keinen negativen Prüfungspunkt, an dem Vorsatz ausgeschlossen werden muss. Vielmehr sollen Sie zeigen, dass die Ablehnung einer vorsätzlichen Tat eine Fahrlässigkeitsstrafe nicht ausschließt.

---

[4] Handeln meint hier auch Unterlassen.

[5] Mit Blick auf § 16 I StGB wäre es auch falsch, den Vorsatz mit der Begründung zu verneinen, dass der Täter den Erfolg nicht wollte. Wollen ist kein notwendiger Bestandteil für den Vorsatz.

d. Begehen vor Unterlassen

Die Tatbestandsverwirklichung durch Unterlassen, genauer durch die Nichtvornahme der gebotenen Handlung, ist gegenüber der Tatbegehung durch positives Tun nachrangig. Dies ergibt sich auch aus § 13 StGB. Denn die Anforderungen an eine Strafbarkeit wegen Unterlassung sind höher als beim Begehungsdelikt. Eine Handlungspflicht zur Abwendung einer Gefahr für fremde Rechtsgüter begründet einen schwerwiegenderen Eingriff in die Handlungsfreiheit des Täters, so dass zusätzliche Voraussetzungen notwendig sind. Diese Voraussetzungen sind beim unechten Unterlassungsdelikt die Umstände, aus denen sich die Garantenstellung ergibt. Die Garantenstellung hingegen ist die Voraussetzung für das Entstehen der Garantenpflicht, also der Handlungspflicht in der konkreten Situation.

Wichtig ist, dass Sie nicht ein abstraktes Unterlassen prüfen, sondern jeweils die konkrete nicht vorgenommene Handlung, die beim Namen zu nennen ist. Formulierungsbeispiel: „*T könnte sich eines Totschlags durch Unterlassen gem. §§ 212, 13 StGB zum Nachteil des O schuldig gemacht haben, indem er keinen Arzt gerufen hat.*“ (nicht: …, indem er O liegen gelassen hat.)

e. Der spezielle Tatbestand verdrängt die allgemeinen Tatbestände

Lex specialis derogat legi generali (lat: „Das spezielle Gesetz verdrängt die allgemeinen Gesetze“). Spezialität liegt vor, wenn ein Tatbestand neben sämtlichen Merkmalen eines Tatbestandes noch mindestens ein weiteres Merkmal enthält. Der speziellere Fall ist stets zuerst zu prüfen und der allgemeine nur dann (als Auffangtatbestand), wenn der spezielle verneint wurde. Das heißt, wenn die spezielle Norm erfüllt ist, dann beinhaltet dies, dass auch das allgemeine Gesetz miterfüllt wurde. Dieses systematische Normenverhältnis macht die gesonderte Prüfung des allgemeinen Gesetzes überflüssig.

f. Grundtatbestand vor Qualifikation/Privilegierung

Ein Qualifikationstatbestand setzt die Erfüllung des entsprechenden Grundtatbestandes voraus, d.h. der Grundtatbestand ist notwendige Bedingung für die Qualifikation. Der Grundtatbestand muss jedoch nicht gesondert vorweg geprüft werden, sondern kann inzident in der Qualifikation geprüft werden. Das bietet sich bei unproblematischem Grundtatbestand auch an. Dann entsteht auch kein Widerspruch zu der Regel, mit dem schwersten Delikt zu beginnen. Sollte der Grundtatbestand hingegen zu verneinen sein, zeigt man, dass man mögliche Qualifikationsmerkmale gesehen hat.

Ein (grober) methodischer Fehler ist die Prüfung von Qualifikationsmerkmalen, wenn der Grundtatbestand letztlich verneint wird. Alle Ausführungen, die zur Qualifikation erfolgt sind, erweisen sich dann als überflüssig. **Überflüssiges ist immer falsch**. Die „klausurtaktische" Überlegung, die Qualifikation trotzdem zu prüfen, um die dortigen Probleme zu behandeln, falls die Ablehnung des Grundtatbestandes selbst fehlerhaft ist, sollte wirklich eine gründliche Überlegung sein. Denn man kompensiert keinen Fehler, indem man einen zweiten begeht.[6]

5. Probleme finden

Die meisten Punkte für die Bearbeitung des Falles gibt es so gut wie immer aufgrund der Behandlung der einschlägigen Probleme. Das bloße Prüfen von Tatbeständen, die offensichtlich in Betracht kommen, ist

[6] A.A. *Rengier* BT, passim, dem man insofern Recht geben muss, dass die meisten Prüfer entsprechende Ausführungen, wenn sie denn richtig und laut Musterlösung gefordert waren, nicht als Nullum behandeln würden.

keine punktebringende Leistung. Hier können meist nur Fehler zu Punktabzug führen.

Vielmehr geht es darum, dass Sie die besonderen Probleme des Falles finden. Der Vorteil im Strafrecht besteht darin, dass die Probleme fast abschließend sind, d.h. man hat eine gute Chance bekannte Probleme wiederzuentdecken.[7] Doch auch unbekannte Probleme lassen sich regelmäßig schnell aufspüren.

Man muss sich allein den Umstand bewusst machen, dass der Prüfungsfall gerade darauf angelegt ist, dass die dortigen Probleme erkannt und behandelt werden.

Faustformelartig kann man sich merken, dass jeder Tatbestand, der „abgefragt" wird, ein Problem, genauer ein problematisches Tatbestandsmerkmal, enthalten dürfte.

Problem in diesem Zusammenhang bedeutet jedoch nicht, dass man stets einen Streit- und Meinungsstand samt Stellungnahme runterschreiben muss.

Ein Problem kann schon vorliegen, wenn der Sachverhalt nicht einfach unter den Wortlaut des Gesetzes zu subsumieren ist, man also eine Definition des Merkmals bedarf; etwa bei einer Körperverletzung durch Abschneiden von Haaren oder sonstigen Handlungen, die keine Schmerzen beim Opfer verursachen.

Wenn der Täter dem Opfer hingegen ein blaues Auge schlägt, sollte man sich nicht berufen fühlen, die Definitionen einer üblen und unangemessen Behandlung und der körperlichen Misshandlung zu präsentieren,

---

[7] Empfehlenswert ist die Lektüre der Übersicht der zahlreichen Probleme, die in *Beulkes* Klausurenkursen auf den letzten Seiten enthalten sind. Durch ein „Überfliegen" lassen sich schnell noch ein paar Lücken aufspüren und vor allem wird dieses Wissen erst nur durch eine entsprechende Klausur zum Leben erweckt. Das ist besser, als wenn man sich nur mit einem Problem beschäftigt, das man später unbedingt wiedererkennen möchte.

wenn das Problem darin besteht, ob der Schlag womöglich aus irgendeinem Grund gerechtfertigt ist.[8] Man sollte sich lieber freuen, dass man sich diese lästige Schreibarbeit spart und mehr Zeit hat für die wirklichen Rechtsfragen des Falles, den Problemen/Schwerpunkten.

Eine Definition ist mithin nur in Grenzfällen erforderlich bzw. dort wo der allgemeine Sprachgebrauch dem juristischen Verständnis nicht ganz entspricht. Beispielsweise ist es erforderlich, dass man für die Subsumtion einer Rechnung unter den Urkundenbegriff die drei Merkmale einer Urkunde[9] definiert, weil der allgemeine Sprachgebrauch ein viel engeres Verständnis von Urkunden hat als der Jurist. Wenn jedoch auch nach dem engen Verständnis eine Urkunde vorliegt, reicht die schlichte Feststellung: „*Die Approbationsurkunde ist taugliches Tatobjekt (einer Urkundenfälschung) im Sinne des § 267 I 2.Var. StGB.*“

6. Schwerpunkte setzen

Für unproblematische Passagen gibt es grundsätzlich kaum Punkte, daher sollten die Passagen, die Punkte bringen, auch erkennbar als Schwerpunkte behandelt werden. Das sind die problematischen Tatbestandsmerkmale (s.o.).

Bei problematischen Tatbestandsmerkmalen kann es sein, dass eine gründliche und tragfähige Subsumtion bereits zur Überzeugung ausreicht, so dass einem die Punkte zuteilwerden. An dieser Stelle sei gesagt, dass gute Subsumtionen durchaus genauso punkteträchtig sein können, wie eine seitenlange Auseinandersetzung mit einer umstrittenen Rechtsfrage. Denn Subsumtionen sind stets juristische Fähigkeiten, wäh-

---

[8] Siehe hierzu auch die Ausführungen zum Feststellungsstil bei unproblematischen Tatbestandsmerkmalen, S. 35.

[9] Garantie-, Perpetuierungs- und Beweisfunktion.

rend die Darstellung von Streit- und Meinungsständen den Beigeschmack des bloßen Auswendiglernens haben.[10]

Die Entscheidung eines Streit- und Meinungsstandes ist geeignet, die juristischen Fähigkeiten zu dokumentieren. Daher sollte man sich nicht darauf beschränken, nur ein Argument der h.M. zu wiederholen, um ihr zu folgen.[11] Das führt nicht zu einer Schwerpunktsetzung und vor allem ist es kaum geeignet, den Leser zu überzeugen. In einer Stellungnahme ist es erforderlich, dass eine Auseinandersetzung mit den wesentlichen Argumenten der gegenläufigen Meinungen erfolgt (siehe dazu unten Seite 39, strittige Tatbestandsmerkmale).

[10] Selbstverständlich muss auch hier unter den Ansichten subsumiert werden, so dass das vorher Gesagte übertragbar ist.

[11] Noch schlechter ist es, nur auf eine angeblich herrschende Meinung zu verweisen. Denn die Klassifizierung herrschend ist rein quantitativ und selbst wenn sich alle einig wären, können sie falsch liegen.

C. Allgemeines Bewertungsschema

Wer weiß, wofür es in einer Klausur die Punkte gibt, kann seinen Schwerpunkt entsprechend auf die Leistungen legen, die am meisten honoriert werden. Regelmäßig wird man zum Bewertungssystem keine Information in seiner Schlussbemerkung oder in den Randkommentaren seiner Arbeit finden. Daher sollen hier die allgemeinen Grundregeln der Bewertung dargestellt werden.

Vorauszuschicken ist, dass es grundsätzlich keine nennenswerten Punkte dafür gibt, dass die in Betracht kommenden Normen gefunden werden. Fehlen hingegen einschlägige Tatbestände kosten diese Lücken Punkte.[12] Es besteht insofern bereits ein gewisses Ungleichgewicht und es gibt regelmäßig Arbeiten, die mit mangelhaft bewertet wurden, obwohl alle Straftatbestände geprüft wurden. Das Gleiche gilt sinngemäß für die Beherrschung der Fallbearbeitungstechnik und des Gutachtenstils. Es gibt keine Punkte für die Fallbearbeitung, aber Fehler führen zum Punktabzug.

Die wesentlichen Punkte gibt es für die Behandlung einschlägiger Rechtsfragen, der sog. Probleme bzw. Streitstände. Denn die juristische Leistung besteht darin, dass man Probleme erkennt und diese entscheiden kann, indem man sich mit den wesentlichen Argumenten der unterschiedlichen Ansichten auseinandersetzt.

Für 4 Punkte und mehr ist es grundsätzlich erforderlich, dass zumindest die Hälfte der Probleme des Falles angemessen bearbeitet wird. Eine angemessene Bearbeitung liegt vor, wenn das Problem a) erkannt wird

[12] Allerdings kann es durchaus Punkte dafür geben, dass man einen Straftatbestand prüft, der gerade nicht sofort ins Auge springt, etwa die Pfandkehr, wenn der Täter seine eigene Sache „klaut“ oder einen Computerbetrug, wenn der Täter zuvor entwendete Pfandflaschen wieder in den Pfandautomaten zurückgibt.

und b) unter Berücksichtigung der widerstreitenden Ansichten vertretbar entschieden wird.

Die Qualität der argumentativen Auseinandersetzung der unterschiedlichen Ansichten entscheidet maßgeblich, ob nur ein ausreichend oder ein sehr gut vergeben wird. Es kommt neben dem Wissen vor allem auf die juristische Methodik an.

Faustformelartig gilt folgendes Bewertungsschema:

Wer 50% der Probleme des Sachverhalts erkennt und behandelt, kann die Arbeit bestehen, wenn keine gravierenden Fehler oder Lücken dem entgegenstehen. Sind die Probleme vorbildlich behandelt, können bis zu 9 Punkte erreicht werden. Werden die Hälfte der Probleme übersehen, ist ein Prädikat nur noch in Ausnahmefällen möglich, in denen der Verfasser an anderer Stelle weit überdurchschnittlich überzeugend argumentiert hat.

Wer alle Probleme des Falles erkennt und behandelt, kann die Arbeit mit > 10 Punkten bestehen, wenn keine gravierenden Fehler oder Lücken dem entgegenstehen. Ein gravierender Fehler ist es dabei auch, dass man einen Streit ohne wirkliche Argumente entscheidet, etwa indem man einfach der herrschenden Ansicht folgt, weil sie angeblich herrschend ist. Es gibt mithin K.O.-Kriterien, die gegen ein Prädikat sprechen.

18 Punkte können nur durch eine perfekte Problembehandlung erlangt werden, wenn:

sämtliche Probleme anhand des konkreten Fall herausgearbeitet werden,

die wesentlichen Ansichten samt nachvollziehbarer Subsumtionen dargestellt werden,

die wesentlichen Argumenten der sich widersprechenden Ansichten gegeneinander abgewogen und die allgemeinen Prinzipien und die Systematik des Strafrechts dabei berücksichtigt werden.

Wer jedoch einen methodischen Fehler macht, etwa einen Zirkelschluss, hat ein „sehr gut“ und in der Regel auch ein „gut“ verspielt.[13]

Für die Differenzierung innerhalb einer Note, d.h. ob man beispielsweise 7 Punkte oder 9 Punkte bekommt, wird regelmäßig die Qualität der Subsumtionen berücksichtigt, wobei es im Einzelfall durchaus möglich ist, dass hervorragende Subsumtionen auch einen Notensprung rechtfertigen. Fehlende Subsumtionen können hingegen auch Punktabzug begründen.

---

[13] Das zeigt nicht nur, dass ein einziger Fehler 6 Punkte „kosten“ kann, sondern vor allem, wie wichtig es für eine sehr erfolgreiche Klausur ist, die juristische Methodik zu beherrschen.

D. Die Fallbearbeitung im Gutachtenstil

„Mit der Logik kann man alles beweisen."

KURT TUCHOLSKY

Fälle sind stets im Gutachtenstil zu prüfen. Das Gutachten dient dazu, dem Leser eine nachvollziehbare Begründung zu liefern, weshalb ein Tatbestand erfüllt bzw. nicht erfüllt ist. Anders als im Urteil geht es nicht um die Begründung eines Ergebnisses, sondern um dessen Ermittlung.

I. Der Gutachtenstil (Grundstruktur)

Der Gutachtenstil zeichnet sich mithin dadurch aus, dass (mögliche) Rechtsfolgen des Sachverhalts dargestellt werden, indem die entsprechenden Voraussetzungen der Norm (sog. Tatbestandsmerkmale) in systematischer Reihenfolge geprüft werden.

Dabei gilt die Reihenfolge:

Obersatz – Definition – Subsumtion – Ergebnis

Diese vier Komponenten eines Prüfungsabschnitts dienen der systematisch und strukturierten Prüfung der einzelnen Tatbestandsmerkmale.

1. Obersatz

Der Obersatz erklärt dem Leser, welcher Tatbestand bzw. welches Tatbestandsmerkmal verwirklicht sein könnte.

2. Definition

Die Definition erklärt, welche Bedingungen für die Verwirklichung des Tatbestands(merkmals) notwendig sind.

3. Subsumtion

Die Subsumtion stellt die eigentliche Prüfung des Juristen dar, nämlich ob der Sachverhalt unter die zuvor genannte Definition passt.

4. Ergebnis

Das Ergebnis der Subsumtion ist die Feststellung, ob der Sachverhalt unter den Tatbestand bzw. unter das Tatbestandsmerkmal subsumierbar ist.

II. Einzelne Prüfungspunkte

1. Der richtige Obersatz

Den ersten wesentlichen Eindruck ihres Gutachtens bekommt der Leser/Prüfer durch den Obersatz.

Bilden Sie aussagekräftige und präzise Obersätze. !

Ihnen ist der Sachverhalt klar. Sie wissen, was sie prüfen, wenn Sie schreiben „T könnte sich wegen Diebstahls strafbar gemacht haben." Aber für den Leser bleibt unklar, welche Tathandlung und welches Tatobjekt Gegenstand Ihrer Prüfung sind.

Der Obersatz soll dem Leser des Gutachtens vor Augen führen, wessen Verhalten auf seine strafrechtliche Relevanz geprüft werden soll. Er ist damit ein wesentlicher Einstieg für die Verständlichkeit der darauf folgenden Prüfung. Gleichwohl sollte er die Prüfung selbst nicht vorwegnehmen, in dem etwa einzelne Tatbestände als bereits erfüllt unterstellt werden. Das gilt insbesondere auch für subjektive Elemente der Strafbarkeit, etwa dem Finalzusammenhang beim Raub.

Merke: In einem Gutachten darf nichts vorausgesetzt werden, was noch zu prüfen ist.

Demnach besteht ein Obersatz aus folgenden Elementen:

1. Tatsubjekt, d.h. wessen Verhalten wird geprüft?
2. Tathandlung, d.h. welches Verhalten wird geprüft?
3. Tatobjekt, d.h. wer ist Angriffsziel bzw. Geschädigter?
4. Straftatbestand, der geprüft werden soll, Bezeichnung und genaue Norm inkl. Absatz und Alternative bzw. Variante.
5. Ggf. Angaben zur Differenzierung, wenn der mögliche Täter die gleiche Handlung mehrmals vorgenommen hat, etwa zu unterschiedlichen Zeitpunkten.

Ein häufiger Fehler besteht darin, dass der Obersatz (bzgl. einzelner Tatbestandsmerkmale) weggelassen wird, weil die Überschrift eigentlich den Prüfungspunkt bereits angibt. D.h. nach der Überschrift, z.B. „Wegnahme", folgt sofort die Definition von Wegnahme, anstatt des zumindest kurzen Obersatzes „*Diese (gemeint ist die zuvor geprüfte Sache) müsste T weggenommen haben. [Definition: „Wegnahme"]*".

Merke: Überschriften ersetzen keine Obersätze.

a. Tatsubjekt

In aller Regel bereitet die Festlegung, wer als Tatsubjekt, also als Täter, in Betracht kommt, keine Schwierigkeiten. Allenfalls die Frage, ob der Täter ein tauglicher Täter ist, könnte bei Sonderdelikten einen ausführlicheren Prüfungspunkt darstellen. Falsch wäre es jedoch den Täter, beispielsweise einen Polizisten, im Obersatz gleich als Amtsträger zu bezeichnen. Dass ein Polizist unter den Begriff Amtsträger im Sinne des § 11 Nr. 5 StGB zu subsumieren ist, ist vielmehr durch einen feststellenden Satz im Rahmen der eigentlichen Prüfung vorzunehmen. *„Als Polizist ist T Amtsträger im Sinne des § 11 Nr. 5 StGB.“* Ansonsten würden Sie gegen den Grundsatz verstoßen, dass nichts vorausgesetzt werden darf, was es noch zu prüfen gilt, wobei auch die Feststellung unproblematischer und offensichtlicher Punkte als (geringe) Prüfungsleistung gilt.

b. Tathandlung

Der exakten Bezeichnung der Tathandlung, die Gegenstand der jeweiligen Prüfung ist, kommt besondere Bedeutung zu. Ein Sachverhalt enthält regelmäßig zahlreiche Handlungen, sodass dem Leser/Prüfer mitunter unklar sein könnte, was geprüft wird, wenn die zu prüfenden Handlung nicht genau wiedergegeben wird.

Einen sehr häufigen Fehler stellt es dar, wenn im Obersatz das gesetzliche Tatbestandsmerkmal anstatt das konkrete Verhalten des Täters genannt wird. Denn die Frage, ob das Verhalten des Täters eine tatbestandsmäßige Handlung ist, beispielsweise eine Täuschung oder eine Wegnahme, gilt es noch zu prüfen. (Falsch daher: „T könnte sich eines Diebstahls gem. § 242 I StGB schuldig gemacht haben, in dem er die Brieftasche des O **wegnahm**.“ (Dieser Fehler wiegt umso schwerer, je problematischer das entsprechende Tatbestandsmerkmal ist.)

Regelmäßig lässt sich dieser Fehler einfach vermeiden, indem man den Sachverhalt wortgleich wiedergibt, d.h. die gleiche Formulierung verwendet wie der Aufgabensteller.

Einen weiteren Fehler stellt es grundsätzlich dar, wenn im Obersatz mehrere Verhaltensweisen genannt werden. Das gilt insbesondere für Unterlassungsdelikte, bei denen mehrere Möglichkeiten bestehen, wie der Täter den Erfolg hätte verhindern können. Eine Ausnahme liegt jedoch bei mehraktigen Delikten, etwa einem Raub, vor. Bei einem mehraktigen Delikt müssen selbstverständlich sämtliche Handlungen, die zur Verwirklichung des Delikts erforderlich sind, auch im Obersatz genannt werden.

Beispiel: „*T könnte sich wegen eines Raubes gem. § 249 I StGB strafbar gemacht haben, indem er O die Waffe an den Kopf hielt und nach ihrer Uhr griff.*"

Nicht: „T könnte sich wegen eines versuchten Raubes gem. § 249 I StGB strafbar gemacht haben, indem er geplant hatte, O zu überfallen und ihr die Waffe an den Kopf hielt." Bei einer Versuchsprüfung gehört die Handlung in den Obersatz, die später als unmittelbares Ansetzen geprüft werden soll. Die Tatplanung ist selbst strafrechtlich grundsätzlich unbeachtlich, wenn sie nicht selbst unter Strafe steht und einen eigenen Tatbestand erfüllt.[14]

c. Tatobjekt

Die Benennung des Tatobjekts dürfte regelmäßig keine nennenswerten Schwierigkeiten bereiten. Auch hier gilt natürlich, dass das Tatobjekt genauso bezeichnet werden sollte, wie es im Sachverhalt benannt ist und auf keinen Fall durch das Tatbestandsmerkmal ersetzt werden.

Es gibt keinen Grund, aus einem Auto ein Kraftfahrzeug zu machen. Zum einen wäre der Begriff des KfZ allgemeiner und damit ungenauer, aber vor allem gilt es im Rahmen der Prüfung auch noch festzustellen, dass ein Auto ein KfZ ist.

---

[14] In diesen Fällen kann sich jedoch die Frage stellen, ob der zusätzliche Tatbestand nicht auf Konkurrenzebene verdrängt wird, wenn die Tat weiter fortgeschritten ist. Man prüft auch keinen Versuch, wenn die Tat vollendet wurde.

d. Tatbestand

Der Begriff des Tatbestandes ist mehrdeutig. Im Gutachten versteht man unter dem Begriff Tatbestand die zu prüfende Norm bzw. den objektiven und subjektiven Tatbestand als 1. Stufe der Deliktsprüfung.

Im Urteil versteht man unter dem Begriff hingegen den Lebenssachverhalt, der Gegenstand der Entscheidung ist.

e. Sprachlich

Sprachlich ist dabei zu beachten, dass die Tat bereits erfolgt ist. Deshalb ist zwingend in der Vergangenheitsform zu formulieren ist (Beispiel: „*T könnte sich wegen versuchten Totschlags gem. §§ 212 I, 22, 23 I StGB strafbar gemacht haben, indem er O mit der Eisenstange auf den Kopf geschlagen hat.*").

Ferner ist (sprachlich, nicht inhaltlich) zwischen den Formulierung

wegen ... strafbar

und

eines ... schuldig gemacht

zu unterscheiden.

f. Beispiele für Obersätze:

- *„T könnte sich durch das Einstecken*[15] *des goldenen Füllfederhalters wegen Diebstahls gem. § 242 I StGB strafbar gemacht haben."*
- *„T könnte sich eines Betrugs gem. § 263 I StGB zu Lasten des O schuldig gemacht haben, indem er gegenüber D erklärte, er wolle die Uhr für O abholen."*

---

[15] Für einen besseren Stil sollte tunlichst vermieden werden, Verben zu substantivieren.

- *„T könnte sich wegen Urkundenfälschung gem. § 267 I Var. 3 strafbar gemacht haben, indem er O das Schreiben vom 17.05.2007 vorgelegt hat."*

Nach dem Obersatz ist zu „definieren", was Voraussetzung ist, damit der Tatbestand erfüllt ist, d.h. welche Tatbestandsmerkmale erfüllt sein müssen. Hier reicht die umformulierte Wiedergabe des Gesetzes. Am Beispiel des § 242 I StGB: *„Dann müsste T eine fremde bewegliche Sache in der Absicht weggenommen haben, sie sich oder einem Dritten rechtswidrig zuzueignen."* In vielen Arbeiten wird man diesen Satz splitten und/oder mit Feststellungen kombinieren.

Bsp.: *„Dann müsste zunächst das Einstecken des goldenen Füllfederhalters, eine für ihn fremde bewegliche Sache, eine Wegnahme darstellen. [Def. Wegnahme]…"*

Dieser Satz enthält drei Komponenten: Erstens definiert er den objektiven Tatbestand des Diebstahl, d.h. er ist die logische Folge des Obersatz, dass ein Diebstahl in Betracht kommt. Zweitens stellt er fest, dass der Füller ein taugliches Tatobjekt darstellt, nämlich eine für T fremde Sache, die beweglich ist. Da die Beweglichkeit und die Eigentumsverhältnisse unproblematisch sind, bedurfte es nicht mehr, insbesondere keiner Definitionen dieser Begriffe. Drittens stellt der Satz zugleich den Obersatz für die Prüfung des Merkmals „Wegnahme" dar, das hier nicht ganz unproblematisch sein könnte. Zwar ist der Sachverhalt hier recht dünn, aber beim bloßen Einstecken stellt sich womöglich die Frage, ob der Berechtigte hier selbst ausreichend Gewahrsam hatte, obwohl das Einstecken möglich war und es stellt sich die Frage, ob T durch das Einstecken ausreichend eigene Sachherrschaft begründet hat.

Dadurch, dass man die objektiven Voraussetzungen für einen Diebstahl genannt und hinsichtlich des Füllers durch bloße Feststellung bejaht hat, hat man gleichzeitig den Begriff der Wegnahme fokussiert und gelungene Schwerpunktsetzung betrieben.

2. Tatbestandsmerkmale

Die Prüfung der Tatbestandsmerkmale, die erfüllt sein müssen, damit der entsprechende Tatbestand, d.h. die Strafbarkeit bejaht werden kann, stellt die Kernarbeit eines juristischen Gutachtens dar, insbesondere wenn diese im konkreten Fall nicht eindeutig erfüllt sind und es deshalb ggf. sogar auf einen Streit- und Meinungsstreit ankommen kann, um den Fall zu entscheiden.

Für die Prüfung der einzelnen Tatbestandsmerkmale gilt der klassische Aufbau des Gutachtens, nämlich Obersatz – Definition – Subsumtion – Ergebnis, genauso wie für den Tatbestand selbst. Das Gleiche gilt sodann auch wiederum für die Voraussetzungen der Tatbestände, sodass es eine Verschachtelung der folgenden Art geben kann:

I.	Obersatz Tatbestand (T könnte den Tatbestand erfüllt haben)
II.	Definition Tatbestand = weiterer Obersatz (Dann müsste er die Tatbestandsmerkmale x und y verwirklicht haben) 1. Definition des Tb-Merkmals x 2. Subsumtion des Sachverhalts unter x 3. Ergebnis x (+) 4. Definition des Tb-Merkmals y 5. Subsumtion des Sachverhalts unter y 6. Ergebnis y (+)
III.	Ergebnis Tatbestand (T hat den Tatbestand erfüllt)

Der Obersatz zur Prüfung des objektiven Tatbestandes „*Der objektive Tatbestand müsste erfüllt sein*.“ ist regelmäßig entbehrlich, wenn nicht die Komplexität der speziellen Prüfung eine Ausnahme rechtfertigt.
Jedoch führt auch der Obersatz nicht weiter, „T müsste tatbestandsmäßig gehandelt haben“. Wesentlich aussagekräftiger ist die Formulierung, „*T müsste die Tasche des O weggenommen haben.*“
Grundsätzlich reicht jedoch die schlichte Überschrift „Obj. Tatbestand“. Das Gleiche gilt für die übrigen Deliktsstufen (subj. Tatbestand, Rechtswidrigkeit und Schuld).

a. Offensichtliche Tb-Merkmale

Bei offensichtlichen Tb-Merkmalen reicht ein feststellender Satz, dass das Merkmal erfüllt ist, wobei der konkrete Sachverhalt in Bezug zu nehmen ist, wodurch das Tatbestandsmerkmal erfüllt ist, sog. Feststellungsstil.
Beispiel: „*Das Portemonnaie des O ist eine fremde bewegliche Sache*.“

Nicht nur: „Eine bewegliche Sache liegt vor." oder gar noch abstrakter: „Ein Tatobjekt liegt vor."

Ausführungen zu gesetzlich nicht normierten Prüfungspunkten, wie die Kausalität und die obj. Zurechnung, sollten allenfalls implizit festgestellt werden, wenn diese unproblematisch gegeben sind.

Beispiel: „*T hat den Tod des O durch den Schuss verursacht.*" oder auch: „*Der Schuss des T war ursächlich für den Tod des O.*"

Wichtig: Verzichten Sie aber auf jeden Fall gerade in dieser Konstellation auf die conditio-sine-qua-non-„Formel", deren Fehlerhaftigkeit – vor allem in der Praxis – noch immer nicht zur Vermeidung ihrer Anwendung geführt hat. Sie ist keine Kausalitätsprüfung! Sie setzt voraus, dass man die Ursächlichkeit einer Bedingung bereits kennt. Anderenfalls könnte man nämlich die Frage, ob der Erfolg entfiele, wenn man sich die Bedingung wegdenkt, gar nicht beantworten.

Beispiel: Die Täter A, B und C geben dem Opfer jeweils eine Pille. Das Opfer stirbt an einer dieser Pillen. Zwei Pillen waren Placebos. Wer ist der Täter? Sie können jetzt jede Pille einzeln oder in allen erdenklichen Kombinationen wegdenken und (hoffentlich) schnell merken, dass man mit Wegdenken die Ursache nicht feststellen kann. Das ist übrigens auch der Grund, weshalb Gerichtsmediziner eine Autopsie durchführen und nicht nur (weg)denken.

Merke:	Stellen Sie unproblematische Tatbestandsmerkmale kurz fest.

b. Problematische Tb-Merkmale

Bei problematischen Tatbestandsmerkmalen kommt es allein auf die genaue Arbeit mit Definition und Sachverhalt an. Hier gibt es regelmäßig Punkte für überzeugende Subsumtionen. Ich selbst habe allein für gute Subsumtionen, die nahezu alle Details aus dem Sachverhalt berücksichtigt haben, bis zu 3 Punkte extra vergeben.

Die Frage, wann ein Tatbestandsmerkmal problematisch ist, ist bei Lichte besehen selbst unproblematisch. Solange die Klausurerfahrung noch nicht ausreicht, diese Frage intuitiv zu beantworten, vermag eine einfache Faustformel zu helfen:

Ein Tatbestandsmerkmal ist problematisch, wenn eine Definition samt Subsumtion, d.h. eine Auseinandersetzung mit Definition und Sachverhalt erforderlich ist, um den Leser zu überzeugen, dass das Merkmal gegeben bzw. nicht gegeben ist.[16] Würde sich die Subsumtion auf die bloße Feststellung beschränken, dass der Sachverhalt das Tatbestandsmerkmal erfüllt, liegt hingegen kein problematisches Tatbestandsmerkmal vor. Es gilt das oben Gesagte, dass dann auch die bloße Feststellung reicht, welches Element das entsprechende Tatbestandsmerkmal erfüllt.

Nicht selten ist der Sachverhalt zumindest so eindeutig ist, dass das Tatbestandsmerkmal nach seiner Definition einfach angenommen werden kann. Man merkt dies daran, dass man nach der Definition nicht mehr nennenswert subsumieren kann, sondern nur noch den Satz schreiben könnte „Das ist hier der Fall."

Dieser Satz ist keine Subsumtion, sondern das Ergebnis einer völlig unproblematischen Subsumtion, die nur gedanklich vorgenommen wurde, etwa die Subsumtion des Abschneidens der Haare unter die (Teil-)Definition, dass eine Körperverletzung auch eine Substanzverletzung ohne Schmerzen sein kann. Wenn Sie die Frage aufwerfen, ob das Abschneiden der Haare eine Körperverletzung ist, obwohl das Opfer keine

[16] Beispiele: Ist das heimliche Einstecken einer Sache in den Räumen des Berechtigten eine Wegnahme?, Das Abschneiden von Haaren?

Schmerzen durch das Abschneiden spürt, dann führt die Definition, dass eine Körperverletzung auch in der bloßen Substanzverletzung liegen kann zu dem Ergebnis, dass das Abschneiden der Haare eine tatbestandsmäßige Körperverletzung ist, ohne dass man noch lange erklären braucht, dass das Abschneiden der Haare, die Haare beschädigt.

Es bietet sich in einer solchen Konstellation an, dass man die Definition mit der Feststellung kombiniert:

Beispiel: „*Das Abschneiden der Haare stellt eine Körperverletzung dar, die auch in der reinen Verletzung der körperlichen Integrität bestehen kann, ohne dass es dafür eines Schmerzempfindens bedarf.*“

Nicht: „Das Abschneiden der Haare müsste eine Körperverletzung sein. Eine Körperverletzung liegt auch vor, wenn die körperliche Integrität beeinträchtigt wird, ohne dem Opfer Schmerzen zuzufügen. Das ist hier der Fall.“

Eine Fehlerquelle besteht darin, dass man bei Verwendung des Feststellungsstils leicht in den Urteilstil verfällt, indem man das Tatbestandsmerkmal nicht durch einen Relativsatz definiert, sondern durch einen kausalen Nebensatz („da, weil, etc.)“ begründet. Derartige Ungenauigkeiten dürften allerdings lediglich das Zünglein an der Waage sein, wenn es im hohen 2-stelligen Punktebereich um eine Differenzierung geht.

Ein viel erheblicherer Fehler liegt jedoch vor, wenn die Subsumtion lediglich gedanklich vorgenommen wurde, anstatt sie für den Leser nachvollziehbar niederzuschreiben. Die Subsumtion des Sachverhalts unter nicht eindeutige Tatbestandsmerkmale stellt eine wesentliche juristische Leistung dar. Fehlen Subsumtionen an den entscheidenden Stellen, können auch schnell Punkte verloren gehen. Deshalb sollten bei dem Satz „Das ist hier der Fall.“ Stets die Alarmglocken angehen; beim erfahrenen Prüfer gehen sie auf jeden Fall an und im Examen werden

Sie mit an Sicherheit grenzender Wahrscheinlichkeit auf jemanden mit sehr viel Erfahrung treffen.

Merke:	Der Satz „Das ist hier der Fall." ist in einem Gutachten grundsätzlich falsch.

c. Strittige Tb-Merkmale

Die meisten Punkte in einer Klausur können grundsätzlich dadurch erreicht werden, dass man sich bei problematischen Tatbestandsmerkmalen mit den unterschiedlichen Definitionen, d.h. unterschiedlichen Meinungen in Rechtsprechung und Literatur auseinandersetzt.

Die Punkte gibt es hier nicht nur für auswendig gelernte Streit- und Meinungsstände, sondern vor allem für folgende Aspekte:

- Problembewusstsein, d.h. das Problem muss zunächst erst einmal überhaupt als entscheidungserheblich erkannt und als solches anhand des konkreten Falles herausgearbeitet werden. Dem Leser sollte vermittelt werden, warum er sich gleich mit einer womöglich seitenlangen Auseinandersetzung unterschiedlicher Meinungen vergnügen darf.
- Systematische Darstellung der wesentlichen Ansichten.
- Ausführliche und nachvollziehbare Subsumtion unter der jeweiligen Ansicht, um die Relevanz für den Fall darzustellen.
- Überzeugende Streitentscheidung

aa) Herausarbeitung des Streits anhand des Falles

Das Wichtigste, weil gerade das die Arbeit des Juristen ist und weil es zeigt, dass der Bearbeiter Problembewusstsein hat, ist die Herausarbeitung des Problems anhand des Falles. Der Leser soll nicht den Eindruck

erhalten, dass Sie nur zufällig bei dem betroffenen Tatbestandsmerkmal einen Streitstand präsentiert haben, weil sie ihn kennen.
Also warum stellt sich das Problem? Welcher Umstand ist es, der den Streiteinschlägig werden lässt?

Merke: Arbeiten Sie die Probleme stets anhand des Falles heraus.

Dafür können Sie das betreffende Tatbestandsmerkmal ruhig mit den Worten einleiten: „*Problematisch ist, ob die Sachverhaltsangabe AB das Tatbestandsmerkmal XY erfüllt, da....*“ Richtig, begründen Sie, was problematisch ist, ob das Merkmal erfüllt ist. Durch die Begründung zeigen Sie dem Leser, warum das Vorliegen des entsprechenden Tatbestandsmerkmals gerade nicht eindeutig ist.
Beispiel: „*Problematisch ist, ob die Nichtzahlung des für den Auftragsmord vereinbarten Geldes einen Vermögensschaden im Sinne des § 263 StGB darstellt, obwohl der Killer keinen rechtlichen Anspruch auf eine Bezahlung hat.*“
Bei einer Einleitung mit den Worten „*Strittig ist...*“

bb) Darstellung der einzelnen Ansichten

Nachdem Sie das Problem anhand des Falles herausgearbeitet haben, gilt es die unterschiedlichen Ansichten darzustellen, um aufzuzeigen, zu welchem Ergebnis diese jeweils im konkreten Fall kommen.
Die Darstellung einer Ansicht ist dabei nichts anderes als eine Definition unter die man den Sachverhalt subsumieren muss, um das entsprechende Ergebnis zu erhalten.
Der Aufbau eines Streit- und Meinungsstandes stellt sich daher wie folgt dar:

- Herausarbeitung des Problems anhand des Falles.
- Definition gem. 1. Meinung samt Subsumtion und Ergebnis, d.h. ohne Darstellung der Argumente.
- Das Gleiche mit den weiteren Meinungen.
- Streitentscheidung durch Auseinandersetzung mit den Argumenten.

Positiv, aber nicht zwingend erforderlich, ist die zusätzliche Information zu Ansichten, ob diese in der Rechtsprechung oder Literatur vertreten wird.

Vorsichtig sollte man mit der Bezeichnung „herrschende Lehre" oder „herrschende Meinung" sein. Grundsätzlich handelt es sich hierbei nämlich um eine rein quantitative Beurteilung der Ansicht und gerade nicht um eine qualitative. Es ist gerade Aufgabe eines Juristen, derartige Ansichten kritisch zu hinterfragen. Das heißt natürlich nicht, dass man nicht trotzdem der Masse folgen darf. Man darf es nur nicht unreflektiert tun.

Wenn man zwar ein Problem erkannt hat, aber den dazugehörigen Meinungstand nicht kennt, kann man sich mit Hilfe der grundsätzlichen Lager in anderen Streitfragen weiterhelfen. So gibt es regelmäßig eine weite und eine enge Ansicht, eine objektive und eine subjektive, eine normative und eine deskriptive, usw.

In einer Klausur ist es nicht unbedingt erforderlich, dass alle Ansichten dargestellt werden. Wichtig ist jedoch, dass zumindest zwei widerstreitende Auffassungen richtig dargestellt werden, damit man sich intensiv mit der Qualität ihrer Argumente auseinandersetzen kann.

Es ist auch nicht unbedingt notwendig, die Meinungen namentlich zu benennen. Im Gegenteil, es kann in einer Klausur sogar durchaus besser wirken, wenn der Eindruck entsteht, dass man sich den Streit- und Meinungsstand ad hoc selbst erarbeitet hat, indem man aufzeigt, wie das entsprechende Tatbestandsmerkmal ausgelegt/definiert werden könnte. Diese Vorgehensweise müsste man dann natürlich auch in der späteren Streitentscheidung beibehalten, indem dort nicht von den Argumenten der Ansicht gesprochen wird, sondern allgemein davon, was für die Ansicht sprechen könnte.

Veraltete Meinungen sind für die Bearbeitung eines Falles entbehrlich. Aber wer weiß schon in der Situation einer Klausur, dass der juristische Vermögensbegriff heutzutage noch vertreten wird? Deshalb wäre es gleich doppelt falsch, den juristischen Vermögensbegriff mit dem Argument abzulehnen, er würde nicht mehr vertreten. Denn er wird vertreten und Ansichten, die es nicht gibt oder nicht mehr gibt oder vielleicht erst in der Zukunft haben im Gutachten nichts verloren. Sie sind nicht tauglich, den Fall zu entscheiden. Im Gutachten sind die Rechtsfolgen eines Sachverhalts unter Berücksichtigung von Literatur und Rechtsprechung aufzuzeigen.

cc) Streitentscheidung

Nachdem die wesentlichen Ansichten dargestellt wurden, ist es nicht erforderlich, dass man dem Leser erklärt, dass die Ansichten zu unterschiedlichen Ergebnissen geführt haben, die nunmehr einen Streitentscheid erforderlich machen.

Eine Streitentscheidung ist zwar eine Entscheidung bzw. Stellungnahme, aber gleichwohl ist auch hier der Gutachtenstil anzuwenden, d.h. das Ergebnis zu erarbeiten und nicht zu begründen. Dafür ist die Stichhaltigkeit der wesentlichen Argumente zu prüfen.

Die Qualität Ihrer Streitentscheidung hängt somit maßgeblich davon ab, wie gut die Auseinandersetzung mit den Argumenten erfolgt.

Dabei hat diese Auseinandersetzung abstrakt, d.h. losgelöst vom konkreten Fall zu erfolgen. Der Fall entscheidet nicht über den Ausgang des Streits, sondern der Streit entscheidet über den Ausgang des Falles.
Keine Punkte gibt es dafür, wenn man sich für eine Ansicht entscheidet, weil sie angeblich die herrschende Meinung ist. Im Gegenteil dürfte eine solche Vorgehensweise sogar Punktabzug rechtfertigen.
Wenig Punkte gibt es dafür, wenn lediglich die – durchaus sehr guten Argumente – der favorisierten Ansicht wiedergegeben werden, ohne die wesentlichen Argumente der Gegenansicht zu berücksichtigen.
Viele Punkte gibt es daher, wenn man sich mit den wesentlichen Argumenten der Gegenansicht auseinandersetzt. Das gilt insbesondere dann, wenn man aufzeigen kann, weshalb die vermeintlich guten Argumente systematisch mit dem Strafgesetzbuch unvereinbar sind.
Die Auseinandersetzung gewinnt noch mehr an Qualität, wenn Sie nicht nur einzelne Argumente mit systematischen Gegenargumenten aushebeln, sondern – mit den Worten von *Puppe* – Argumentationstennis[17] spielen, d.h. die jeweiligen Argumente gegeneinander ausspielen, wobei selbstverständlich nicht jeder Streit- und Meinungsstand dazu geeignet ist.
Auch der Auslegungskanon (Wortlaut, historisch, systematisch und Sinn und Zweck) ist eine gute Basis für eine Argumentation.
Zusätzlich gibt es gerade im Strafrecht zahlreiche Prinzipien, die zur argumentativen Auseinandersetzung mit Argumenten herangezogen werden können, um die Vereinbarkeit der Argumente mit diesen Prinzipien auf Herz und Nieren zu prüfen.
Geradezu vernichtend, d.h. sehr überzeugend ist auch die Ablehnung eines Arguments, wenn man ihm einen Argumentationsfehler nachwei-

---

[17] *Puppe*, JA 1989, 345.

sen kann, beispielsweise einen Zirkelschluss. Gleichzeitig darf Ihnen selbstverständlich selbst kein Argumentationsfehler unterlaufen. Ein häufiger Argumentationsfehler ist das Argument der Strafbarkeitslücke, da es gerade fraglich ist, ob das konkrete Verhalten strafbar ist oder nicht. Außerdem spricht der Grundsatz, dass das Strafrecht Ultima ratio sein soll, gegen das „Argument" der Strafbarkeitslücke. Der Ultima ratio-Gedanke kann hingegen als Argument für eine enge Auslegung sprechen.

Weitere Prinzipien, die für eine gute Auseinandersetzung fruchtbar gemacht werden können, sind u.a.:

- das Bestimmtheitsgebot,
- die Unzulässigkeit eines Gesinnungsstrafrechts,
- das Schuldprinzip,
- der Grundsatz der Akzessorietät,
- Koinzidenzprinzip (Vorsatz im Tatzeitpunkt, § 8 StGB).

Sehr viele Punkte können Sie sich beispielsweise beim Streit um die Rechtsfolgen eines Erlaubnistatbestandsirrtums dadurch sichern, dass Sie systematisch aufzeigen, dass die strenge Schuldtheorie mit der Lehre von den subjektiven Rechtfertigungselementen unvereinbar ist.

- **Die „Alle Meinungen kommen zum selben Ergebnis"-Falle**

Sehr häufig müssen Prüfer am Ende einer Streitentscheidung den Satz lesen, dass alle Meinungen zum selben Ergebnis kommen. In 99 % aller Fälle liegt ein Fehler vor.

Es gibt drei Gründe:

1. Der Streit ist nicht einschlägig, d.h. nicht entscheidungserheblich.

Der häufigste Grund, dass die Bearbeiter zu dem Ergebnis kommen, dass alle Meinungen zum selben Ergebnis kommen, liegt darin, dass der Streit für den Fall keine Relevanz hat, weil sich im konkreten Fall alle einig wären. Das sollte auf gar keinen Fall passieren und kann regelmäßig dadurch vermieden werden, wenn man sich konsequent an den Punkt hält, Probleme anhand des Falles herauszuarbeiten.

2. Die Streitdarstellung ist unvollständig, es fehlt die Gegenmeinung.
   Ein weiterer Grund besteht darin, dass die Gegenmeinung, die einen Streitentscheid erforderlich machen würde, schlichtweg fehlt. Regelmäßig lässt sich die Gegenmeinung schnell finden, wenn man bedenkt, dass jeder objektiven Theorie auch eine subjektive gegenübersteht und jeder formellen eine materielle und jeder engen Auslegung eine weite und natürlich die zahleichen Differenzierungen, die regelmäßig nur der Vollständigkeit halber Erwähnungen finden.

3. Unter einer Ansicht wurde falsch subsumiert
   Ähnlich wie der Fall, dass die Gegenmeinung fehlt, ist die Konstellation, dass unter die Ansicht der Gegenmeinung falsch subsumiert wurde. Das ist nicht unbedingt als Fehler des Bearbeiters zu werten, weil es durchaus Ansichten gibt, deren Definition so unklar ist, dass der vermeintliche Subsumtionsfehler von der entsprechenden Theorie mitverursacht wurde, weil sie einfach nicht eindeutig ist. Gleichwohl sollte man seine Subsumtionen kritisch überprüfen, wenn eigentliche Gegenansichten sich doch einig sind.
   Eine (scheinbare) Ausnahme von dieser Regel, dass ein Fehler vorliegt, wenn die Ansichten sich einig sind, ist der Fall, dass der Sach-

verhalt nahezu darauf angelegt ist, dass man sich mit einem bekannten Problem auseinandersetzt, etwa weil eine ganze Passage des Sachverhalts nur für dieses scheinbare Problem geopfert wird.
Hier geht es dann jedoch nur darum, aufzuzeigen, dass trotz des vermeintlichen Problems Einigkeit im Umgang mit diesem besteht.
In diesem Fall ist es dann auch regelmäßig nicht notwendig eine gesamte Streitdarstellung über womöglich mehrere Seiten zu liefern, um sodann festzustellen, dass alle Ansichten das Tatbestandsmerkmal bejahen.
Für die Lösung eines solchen Dilemmas bietet es sich nahezu an, nur diejenige Meinung darzustellen, die die meisten Voraussetzungen bzw. die höchsten Anforderungen stellt, um sodann zu schreiben, dass selbst nach der strengsten Auffassung das Merkmal erfüllt ist. Wenn ein Tatbestandsmerkmal nach der strengsten Ansicht zu bejahen ist, dann ist es erst recht von den übrigen Ansichten zu bejahen.
Beispiel: „*Fraglich ist, ob T mit dem Schuss auf das leere Auto überhaupt unmittelbar zur Verwirklichung eines Totschlags angesetzt hat, da O zu keiner Zeit gefährdet gewesen ist. Nach der strengsten Auffassung zum Versuchsbeginn setzt der Täter spätestens dann unmittelbar an, wenn er die nach seiner Vorstellung notwendige Tathandlung vollständig ausgeführt hat. Im Zeitpunkt der Schussabgabe glaubte T, dass sich O im Auto befände und er ihn mit dem Schuss töten würde. Weitere Handlungen hielt T nicht für notwendig. T hat somit selbst nach der strengsten Ansicht unmittelbar zum Totschlag angesetzt.*“

- Überflüssige Streitdarstellung

  Überflüssige Streitdarstellungen kosten viele Punkte. Man verliert Zeit für die eigentlichen Schwerpunkte, die gleichzeitig durch überflüssige (falsche) Streitdarstellungen verwässert werden.

  In diese Kategorie gehören auch Streitdarstellungen, die zwar hinsichtlich des betroffenen Tatbestandsmerkmals einschlägig wären, aber gleichwohl keine Fallrelevanz haben, weil der Tatbestand letztlich für jedermann offensichtlich nicht erfüllt ist, etwa weil der Vorsatz oder ein sonstiges Merkmal fehlt.

Es gibt nun drei Möglichkeiten, mit diesem Problem umzugehen:

1. Prüfen nach Schema

   Zunächst könnte man ungeachtet der fehlenden Relevanz für das große Ganze die Prüfung Schritt für Schritt durchführen, eine druckreife Streitdarstellung und -entscheidung über mehrere Seiten liefern, die sich mit allen Argumenten und auf höchstem Niveau auseinandersetzt, um dann womöglich die Strafbarkeit bereits wegen dieses Merkmals ausscheiden lassen. Dann hätte man zumindest nicht mehr dieses abrupte Ergebnis, wenn die Strafbarkeit mit einem Satz, etwa mangels Vorsatz, verneint würde. Es gilt also auf jeden Fall die Frage zu vermeiden, die sich der Leser stellt, „Warum bringt der Autor das nicht gleich auf den Punkt?“

2. Kurzdarstellung

   Anstelle einer langen und breiten Darstellung könnte der Streit in sehr gekürzter Form dargestellt werden, so dass es noch vertretbar erscheint, wenn die Strafbarkeit nicht durch die Streitentscheidung selbst, sondern an anderer Stelle offensichtlich scheitert.

3. Auf den Punkt gebracht

Man zieht die offensichtliche Stelle vor, aus der sich die Straflosigkeit ergibt, um aufzuzeigen, dass die Darstellung des Streits aus diesem Grunde nicht notwendig ist. Hierbei ist zu bedenken, dass es durchaus notwendig sein kann, Tatbestand und Rechtswidrigkeit auch dann zu prüfen, wenn der Täter etwa zweifelsfrei strafunmündig oder nicht schuldfähig ist. Denn tatbestandsmäßiges und rechtwidriges Verhalten kann die Voraussetzung für die Strafbarkeit eines Dritten darstellen, etwa der Minderjährige als Werkzeug eines mittelbaren Täters.

Wichtig ist vor allem, dass von dieser Abweichung vom üblichen Prüfungsaufbau nur in solchen Fällen Gebrauch gemacht wird, in denen absolut eindeutig ist, dass die Strafbarkeit offensichtlich scheitert. Auf keinen Fall darf in einem Gutachten einfach ein Punkt nach vorne gezogen werden, um die Strafbarkeit schnell zu verneinen, etwa die Prüfung einer Notwehr, ohne die Tatbestandsmäßigkeit zuvor festgestellt zu haben.

Falsch wäre daher der Satz: „Es kann dahin stehen, ob T den O getötet hat, denn er wäre wegen Notwehr gerechtfertigt."

III. Besondere Konstellationen

Zahlreiche Fehler tauchen, selbst in Examensarbeiten, immer wieder auf. Daher sollten die folgenden Merk- und Grundsätze verinnerlicht werden:

1. Besondere Begehungsformen

a. Versuch

Der Aufbau der Versuchsprüfung stellt sich wie folgt dar:

aa) Vorprüfung (keine Vollendung und Strafbarkeit des Versuchs)

Formulierungsbeispiel: „*T hat O nicht erschossen. Die Strafbarkeit des versuchten Totschlags ergibt sich gem. §§ 212, 12 I StGB aus dem Verbrechenscharakter des Totschlags*."

bb) Tatbestand

1. Subjektiver Tatbestand (Tatentschluss, sonstige Merkmale)

Formulierungsbeispiel für den Obersatz: „*T müsste entschlossen gewesen sein, O zu töten.*"

2. Objektiver Tatbestand (Unmittelbares Ansetzen zum Versuch, § 22 StGB)

Formulierungsbeispiel für den Obersatz: „*T müsste unmittelbar zur Tötung des O angesetzt haben.*"

cc) Keine Rechtfertigungsgründe[18]

Formulierungsbeispiel: „*T handelte rechtswidrig*."

dd) Keine Entschuldigungs- bzw. Schuldausschließungsgründe[19]

Formulierungsbeispiel: „*T handelte schuldhaft*."

Das Entscheidende bei den obigen Formulierungsbeispielen ist, dass sie einen möglichst konkreten Bezug zum Sachverhalt herstellen, indem die jeweiligen Elemente, die man ansonsten in Musterlösungen und Schemata findet, durch die Sachverhaltsangaben ersetzt wurden. Insofern könnte man bei den Prüfungspunkten „Rechtswidrigkeit" und „Schuld",

---

[18] Auf der Ebene der Rechtswidrigkeit wird nicht positiv geprüft, ob die Tat rechtswidrig war, sondern ob Rechtfertigungsgründe vorliegen. In einer Klausur dürfte (aus Zeitgründen) die übliche Überschrift „Rechtswidrigkeit" gleichwohl nicht zu beanstanden sein.

[19] Hier gilt das zur Rechtswidrigkeit Gesagte sinngemäß.

wo nicht die Rechtswidrigkeit und die Schuld geprüft werden, sondern mögliche Gründe, die der Rechtswidrigkeit/Schuld der Tat entgegenstehen, auch die konkrete Tathandlung (hier: schoss) nochmals erwähnen anstatt nur „handelte“ zu schreiben.

Wichtiger als die Details bei den Formulierungen sind jedoch die systematischen Grundlagen, die bei der Versuchsprüfung beherrscht werden müssen. Hier können Fehler durchaus zum Nichtbestehen der Arbeit führen, da sie die Annahme rechtfertigen, dass der Bearbeiter die Grundlagen des Versuchs nicht ausreichend verstanden hat:

Da der Versuch in jeder Vollendung als wesensgleiches Minus enthalten ist, ist die Vollendung stets vor dem Versuch zu prüfen.

Ist der Erfolg offensichtlich nicht eingetreten, genügt die bloße Feststellung innerhalb der Vorprüfung des Versuchs, an welchem objektiven Element die Vollendung scheitert.

Merke: Prüfe stets die Vollendung vor dem Versuch.

Scheitert die Vollendung des Delikts am Vorsatz, kommt eine Versuchsprüfung auf keinen Fall in Betracht, da der Vorsatz dem Tatentschluss entspricht. Der Unterschied zwischen Vorsatz und Tatentschluss besteht vor allem darin, dass der Tatentschluss einen Irrtum darstellt, weil der objektive Tatbestand nicht erfüllt ist. Der Versuchstäter glaubt, dass er den objektiven Tatbestand erfüllt. Der Vollendungstäter weiß, dass er den objektiven Tatbestand erfüllt.

Systematisch zwingend ist auch die Prüfung des Tatentschlusses vor dem unmittelbaren Ansetzen, da die Umsetzung des Tatentschlusses geprüft wird. Man muss also zunächst wissen, was der Täter „will“.

Sodann ist sehr penibel darauf zu achten, dass der Gegenstand des Versuchs allein nach der Vorstellung des Täters (vgl. § 22 StGB) im Tatzeitpunkt (§ 8 StGB) zu bestimmen ist.

b. Unterlassung

Zunächst kommt eine Unterlassungstat nur dann in Betracht, wenn der Erfolg nicht bereits durch eine Handlung verursacht wurde. Ansonsten wird die Unterlassung durch die Begehung verdrängt. Das gilt auch dann, wenn zwischen der Handlung und dem Eintritt des Erfolgs noch ausreichend Zeit für den Täter wäre, den Erfolg abzuwenden. Daher ist stets die Begehungstat vor der Unterlassungstat zu prüfen. Gegen diese Regel sollte selbst dann nicht verstoßen werden, wenn man meint, dass es in der Arbeit auf eine Abgrenzung zwischen Begehen und Unterlassen ankommt und man aus „taktischen" Gründen zunächst die Unterlassungstat ablehnen möchte. Sollte eine Abgrenzung erforderlich sein, bei der man im Ergebnis eine kausale Handlung bejahen möchte, so ist die Frage der Handlungsqualität im Rahmen des objektiven Tatbestandes zu erörtern. Es ist nicht notwendig, eine Extraprüfung für eine Unterlassungstat aus vermeintlich „klausurtaktischen" Überlegungen vorzunehmen. Im Gegenteil. Es ergibt keinen Sinn, wenn man eine Handlung im Sachverhalt hat, eine Unterlassungstat vorzuziehen, die man dann auch noch verneint.

Merke: Prüfe stets Begehung vor Unterlassung.

Genauso wie im Obersatz bei der Prüfung eines Begehungsdelikts die Handlung zu nennen ist, ist bei einer Unterlassungsstrafbarkeit im Obersatz die unterlassene Handlung zu nennen. Es wäre ungenau, würde man dem Täter ein allgemeines Unterlassen vorwerfen; „*T könnte sich wegen […] durch Unterlassen strafbar gemacht haben*."

Der Leser soll anhand des Obersatzes – wie immer – exakt wissen, was Gegenstand der nachfolgenden Prüfung ist. In den Obersatz gehört daher die konkrete unterlassene Handlung, die geprüft werden soll, um festzustellen, ob der Täter diese hätte vornehmen müssen, um den Erfolg zu vermeiden. Das ist gerade deshalb wichtig, weil es ggf. alternativen Möglichkeiten für den Täter gab, aktiv zu werden (Opfer selber helfen, Hilfe rufen, etc.).

Häufig besteht der Fehler bei der Prüfung einer Strafbarkeit wegen Unterlassung darin, dass die Tat schlicht übersehen wird. Das kommt insbesondere dann vor, wenn der Täter nach seiner Handlung erkennt, dass die Folgen gravierender sind als im Tatzeitpunkt angenommen.

Die typische Fallkonstellation ist eine Körperverletzung ohne Tötungsvorsatz, wenn der Täter nach der Verletzung erkennt oder zumindest glaubt, dass sein Opfer nunmehr ohne Hilfe sterben könnte.

2. Beteiligungen (Täterschaft und Teilnahme)

Während bei der Täterschaft das bereits Gesagte grundsätzlich ausreicht, um eine überzeugende Fallbearbeitung zu gewährleisten, gibt es bei der mittelbaren Täterschaft und der Mittäterschaft und der Teilnahme noch einige Besonderheiten zu berücksichtigen.

a. Mittelbare Täterschaft

Die Besonderheit der mittelbaren Täterschaft besteht darin, dass der Täter die Handlung, die den Tatbestand unmittelbar verwirklicht, nicht selbst vornimmt, sondern ihm Handlung und Erfolg gem. § 25 I 2 StGB zugerechnet werden.

> **Merke:** Die Prüfung einer mittelbaren Täterschaft ist eine Zurechnungsprüfung.

Bei eigenhändigen Delikten (Aussage- und Straßenverkehrsdelikte) gibt es keine mittelbare Täterschaft.

Nicht zugerechnet werden:

- Deliktspezifische Merkmale (z.B. die Fremdheit der Sache bei § 242 StGB)
- Besondere persönliche Merkmale (z.B. Amtsträgereigenschaft)
- Pflichtenstellungen (z.B. bei §§ 246 II, 266, 266b StGB oder Garantenstellung)
- Subjektive Tatbestandsmerkmale

Grundlage der Zurechnung können Irrtum, Nötigung oder sonstige Ausnutzungen von strafbarkeitshindernden Merkmalen (z.B. Schuldunfähigkeit, Strafunmündigkeit, etc.) sein.

Neben der eher seltenen Konstellation des Täters hinter dem Täter, d.h. bei vollverantwortlichem Vordermann, bei der man den Unrechtsgehalt durch die „bloße" Strafbarkeit wegen Anstiftung als nicht ausreichend erfasst ansehen könnte, spielt die mittelbare Täterschaft mit dem Opfer als Tatmittler eine wesentlich häufigere Rolle. Allerdings stellt sich hier allenfalls die Frage, ob das Verhalten des Opfers, etwa beim Giftmord oder einer Sprengfalle, ausreicht, eine mittelbare Täterschaft anzunehmen oder nicht. Maßgeblich dürfte es grundsätzlich sein, ob der Täter es auch in den Händen hat, ob das Opfer die verletzende Handlung begeht. Daher braucht eine mittelbare Täterschaft grundsätzlich nicht erörtert zu werden, wenn das Opfer sich selbst verletzt, weil es einem Schlag des Täters ausweicht.

Im Obersatz der Prüfung einer mittelbaren Täterschaft ist die Handlung des mittelbaren Täters, die die Werkzeugeigenschaft begründet, zu benennen; ebenso sollte § 25 I 2 StGB zitiert und die Begehungsform genannt werden. Das Verhalten des Werkzeugs spielt im Obersatz keine Rolle.

Beispiel: „*T könnte sich wegen Pfandkehr in mittelbarer Täterschaft gem. §§ 289 I, 25 I 2 StGB strafbar gemacht haben, indem er W gebeten hat, sein Auto aus der Werkstatt abzuholen.*"

Falsch: „T könnte sich wegen Pfandkehr strafbar gemacht haben, weil W sein Auto abgeholt hat."

Nach dem Obersatz folgen die Voraussetzungen für die Strafbarkeit nach § 289 I StGB, indem der gesetzliche Tatbestand entsprechend umformuliert und der Sachverhalt integriert wird:

„Dann müsste er sein Auto dem Pfandgläubiger in rechtswidriger Absicht durch einen anderen weggenommen haben."

Die unproblematischen Tatbestandsmerkmale sind festzustellen:

„U hat aufgrund der Reparatur ein Werkunternehmerpfandrecht gem. § 647 BGB."

Dann sollte festgestellt werden, dass der Täter den Tatbestand nicht selbst unmittelbar verwirklicht hat:

„T hat das Auto nicht selbst weggenommen. Fraglich ist, ob W das Auto weggenommen hat, obwohl er von T gebeten wurde und einen Schlüssel hatte, um den Wagen vom offenen Firmenparkplatz des U abzuholen. [Definition der Wegnahme + Subsumtion] W hat das Auto weggenommen."

Und es sollte der Obersatz zur Zurechnung gebildet werden:

„Diese Wegnahme müsste dem T gem. § 25 I 2 StGB zuzurechnen sein. Das setzt voraus..."

b. Mittäterschaft

Bei der Prüfung einer Mitttäterschaft gilt das Gleiche wie bei der Prüfung einer mittelbaren Täterschaft. Es ist eine Zurechnungsprüfung, d.h. man prüft zunächst den Gegenstand, der zugerechnet werden soll und dann die Voraussetzungen der Zurechnung.

Daher ist der Tatnächste stets als erstes zu prüfen, d.h. derjenige der objektive Tatbestandsmerkmale verwirklicht hat. Wenn dieser alle Tatbestandsmerkmale verwirklicht, bedarf es keiner „Prüfung" der Mittäterschaft. Der Grund für den Beginn der Prüfung mit dem Tatnächsten liegt darin, dass auf diese Weise inzidente Prüfungen vermieden werden, wenn diese Handlung später einem anderen Tatbeteiligten zugerechnet werden soll. Der Gegenstand der Zurechnung ist dann nämlich bereits geprüft worden.

Merke: Bei Mittäterschaft prüft man den Tatnächsten zuerst.

Aus ähnlichem Grund sind mehrere Beteiligte grundsätzlich getrennt zu prüfen. Eine Ausnahme besteht nur in dem Fall, dass die Beteiligten auch im Sachverhalt stets zusammengefasst sind. Zwei Prüfungen, die sich lediglich durch die Namen der Täter unterscheiden, sind selbstverständlich nicht notwendig.

Merke: Mehrere Beteiligte sollten getrennt geprüft werden, wenn diese unterschiedlich Beiträge leisten.

Der Streit, welche Voraussetzungen subjektiv und objektiv für eine Zurechnung vorliegen, bedarf erst dann der Erörterung, wenn die Voraussetzungen für eine Zurechnung nach einer der Ansichten nicht vorliegen, etwa weil es nur einen Tatbeitrag im Vorbereitungsstadium gab.

c. Teilnahme

Eine Teilnahmeprüfung kommt nur dann in Betracht, wenn eine Täterschaft verneint wurde bzw. offensichtlich zu verneinen ist, da die Täterschaft die Teilnahme verdrängt.

Merke: Prüfe immer Täterschaft vor Teilnahme.

Der häufigste Fehler bei einer Teilnahmeprüfung besteht darin, diese Reihenfolge zu missachten und dass bei der Anstiftung die teilweise strengen Voraussetzungen für das Bestimmen nicht erörtert werden, obwohl der „Anstifter" den Tatentschluss beim Haupttäter nur verursacht hat, etwa durch die Aussage „Morgen ist eine gute Gelegenheit für die Tat."

3. Besondere Delikte

Es gibt einige Delikte, bei denen besonders häufig Fehler auftreten, weil der Prüfungsaufbau bereits misslingt. Auf diese Delikte soll im Folgenden eingegangen werden, wobei der Aufbau zugleich näher erläutert wird. Wer einen Aufbau verstanden hat, d.h. die systematischen Erwägungen, der läuft wesentlich weniger Gefahr, den Aufbau zukünftig falsch zu machen.

a. Erfolgsqualifizierte Delikte, etwa § 227 StGB

Ein Klassiker ist die Körperverletzung mit Todesfolge gem. § 227 StGB. Hierbei handelt es sich um einen Tatbestand, der eigentlich dazu dienen

soll, solche Fälle zu erfassen, bei denen der Täter eine tödliche Handlung[20] vornimmt, ihm aber der Tötungsvorsatz fehlt.
Bei Lichte besehen handelt es sich um zwei Delikte, nämlich um eine Körperverletzung und eine fahrlässige Tötung.
Abweichend von dem Grundsatz, dass man stets mit dem schwersten Delikt anfangen sollte, da die übrigen womöglich aus konkurrenzrechtlichen Gründen verdrängt werden, bietet sich bei der Körperverletzung mit Todesfolge an, zunächst die fahrlässige Tötung und die Körperverletzung zu prüfen, um dann in der Prüfung des § 227 StGB den Schwerpunkt auf die Frage zu legen, ob die Tötung durch die Körperverletzung verursacht wurde, sog. Zurechnungszusammenhang. Hier kann es ggf. auf den Streit- und Meinungsstreit ankommen, wann die Tötung „durch die Körperverletzung" verursacht wurde. Sollten die Prüfungen der §§ 229 und 223 StGB völlig unproblematisch sein, können diese Prüfungen inzident bei der Prüfung des § 227 StGB erfolgen.

b. Betrug in mittelbarer Täterschaft kraft Irrtums

Der Betrug hat einen klassischen Aufbau. Man prüft allgemein:

1. Täuschung (=Tathandlung)
2. Irrtum (=Zurechnungsbegründendes Moment für die Selbstschädigung des Opfers)
3. Vermögensverfügung (=Handlung des Tatmittlers, des Werkzeugs)
4. Vermögenschaden (=Erfolg)

Dieser Aufbau sollte auch beibehalten werden, weil er allgemein üblich ist.

---

[20] Selbstverständlich kommt auch eine Körperverletzung durch Unterlassen als Grunddelikt in Betracht. Allerdings recht selten, so dass in einer jur. Arbeit das Problem bereits darin gesehen werden kann, diese besondere Konstellation zu erkennen.

Gleichwohl handelt es sich beim Betrug unstreitig um ein Erfolgsdelikt. Bei einem Erfolgsdelikt beginnt die Prüfung jedoch mit der Feststellung des Erfolgseintritts.
Dann wird die Handlung des Täters geprüft, um dann zu prüfen, ob die Handlung kausal für den Erfolg war.
Es gilt somit bei Erfolgsdelikten folgende Prüfungsreihenfolge:

1. Eintritt des tatbestandsmäßigen Erfolgs
2. Handlung des Täters
3. Kausalität der Handlung für den Erfolg
4. Objektive Zurechnung

Diese Prüfungsreihenfolge basiert auf der Erkenntnis, dass sich Ursache und Wirkung am besten bestimmen lassen, wenn man die maßgebliche Wirkung zunächst bestimmt. Es wäre ziemlich umständlich, wenn man zunächst jede Handlung des Täters „prüft", um zu fragen, ob sie diejenige war, die die Rechtsgutsverletzung bewirkt hat.
Soweit jedoch als Tathandlung nur eine Täuschung in Betracht kommt, mag eine chronologische Prüfung keine Probleme begründen. Man kann also die Ursache (Täuschung) und die Wirkung (Irrtum) der Reihe nach prüfen wollen.
Gleichwohl bietet es sich an, dass man den Betrug zunächst gedanklich wie folgt prüft, wenn mehrere Täuschungen und Irrtümer im Fall vorkommen (beim Betrug in mittelbarer Täterschaft):

1. Ist ein Vermögenschaden eingetreten?
2. Durch welches Verhalten hat sich das Vermögen unmittelbar verringert (Verfügung)?
3. Auf welchen Irrtum basierte diese Verfügung (Irrtum)?
4. Durch welches Verhalten wurde dieser Irrtum erregt (Täuschung)?

Der Grund für diese Vorgehensweise besteht darin, dass auf diese Weise eine logische Reihenfolge eingehalten wird, die es verhindert, dass man bei einem Betrug in mittelbarer Täterschaft (hier gibt es dann zwei Täuschungen und Irrtümer) den Irrtum, der zur Vermögensverfügung führt mit dem Irrtum vermengt/verwechselt, der die Zurechnung der Betrugstäuschung begründet. Nicht selten wird die Konstellation eines Betrugs in mittelbarer Täterschaft kraft Irrtums übersehen.

IV. Die Sprache im Gutachten

Auch die Sprache spielt in einem Gutachten eine Rolle für die Benotung. Das Wichtigste ist, dass das Gutachten einfach und nachvollziehbar zu lesen ist. Lange Sätze, Verschachtelungen und inzidente Prüfungen sollten tunlichst vermieden werden. Das Gleiche gilt für Ausführungen ohne den konkreten Fall in Bezug zu nehmen, weil man lediglich abstrakte Schemata abschreibt, die den Fall naturgemäß nicht berücksichtigen können. Es ist auch nicht notwendig, sondern eher nachteilig, eine vermeintlich gehobene Sprache zu wählen, weil man meint, es klinge gebildeter. Je näher die geschriebene Sprache an der gesprochenen Sprache liegt, desto besser ist grundsätzlich die Verständlichkeit des Textes.

Viel gewonnen haben sie bereits durch die Vermeidung der übertriebenen Anwendung des Gutachtenstils. Niemand würde im strengen Gutachtenstil sprechen. Daher liest es sich auch sehr unnatürlich.

Der Tipp, dass auf eine richtige Rechtschreibung geachtet werden sollte, hat seine Rechtfertigung darin, dass es regelmäßig Arbeiten gibt, bei denen die Anzahl an Fehlern dieser Art Zweifel an der Qualität des Deutschen Abiturs rechtfertigt. Allein das Wort „Totschlag“ wird so oft falsch geschrieben, dass sich die Eselsbrücke „Mord mit „d“ und Totschlag mit „t““ entwickelte.

Schreiben Sie in der Vergangenheit. Die Tat ist schließlich bereits abgeschlossen.

Vermeiden Sie Wiederholungen. Eine Arbeit wird nicht überzeugender, wenn man das gleiche zwei oder mehrmals schreibt.

Sehr häufig und falsch ist der Satz, der im Gutachten zu finden ist, „*T hat vorliegend ....*" Das Wort „vorliegend" ist ein Partizip. T hat aber nichts vorliegend gemacht, sondern stehend, sitzend, laufend oder vielleicht fahrend oder gar fliegend, aber nicht vorliegend. Das einzige, das vorliegt, ist natürlich der Fall selbst. Daher steht das Wort „vorliegend" auch als Kurzform für „Im vorliegenden Fall". Allerdings ist es nicht erforderlich, dass man eine Subsumtion mit den Worten „im vorliegenden Fall" einleitet. Es ist klar, dass Sie den Sachverhalt subsumieren, der Ihnen vorliegt, welchen sonst? Streichen Sie daher das Wort „vorliegend" aus Ihren zukünftigen Gutachten raus.

Die Wörter „fraglich und problematisch" sind keine Einleitungswörter für Obersätze, sondern sollten nur doch benutzt werden, wenn ein Tatbestandsmerkmal wirklich problematisch erscheint. Dann sollte zugleich kurz begründet werden, warum das entsprechende Merkmal problematisch ist.

Komplett aus dem Wortschatz gestrichten werden darf, die Wendung „zu prüfen ist…", wenn es darum geht, ein Gutachten anzufertigen. Der Aufbau ist nicht zu erklären. Das gilt auch für einzelne Prüfungsschritte. Wenn ein Merkmal zu prüfen ist, dann wird es geprüft. Es ist nicht erforderlich, dies ausdrücklich zu erwähnen. Anstatt zu schreiben, dass das Merkmal XY zu prüfen ist, schreiben Sie einfach: „Das Merkmal XY müsste vorliegen".

V. Formalien

Perfekte Formalien reichen zwar nicht zum Bestehen, aber die Formalien sind mit Nichten völlig unbedeutend. Niemand kann sich davon frei machen, wenn eine Arbeit bereits optisch nicht mit der gebotenen Ernsthaftigkeit erstellt wurde und nicht der Sorgfalt einer wissenschaftlichen Leistung entspricht.

1. Äußere Erscheinung

Zum äußeren Erscheinungsbild einer schriftlichen akademischen Leistung gehören nicht nur sauberes Papier und keine Fransen von der Lochbindung, sondern auch ein einheitliches Schriftbild und keine signifikanten Änderungen in der Wahl der Stiftfarbe.

Überlegen Sie auch stets, ob sie bereits vorgenommenen Korrekturen, Streichungen und nachträglichen Einfügungen nicht durch die Erstellung einer neuen Seite begegnen möchten, wenn die Zeit das zulässt.

Anm.:	Im Examen wird Ihnen regelmäßig Papier gestellt, das Ihnen dann ausschließlich zur Verfügung steht.

2. Deckblatt

Erstellen Sie es vor der Klausur, das spart nicht nur Zeit, sondern gewährleistet auch, dass alles in Ordnung ist. Unverzichtbar auf einer Klausur ist Ihr Name und Ihre Matrikel-Nummer in deutlich lesbarer Schrift (am besten per PC).

Anm.:	Im Examen werden Sie ein vorgefertigtes Deckblatt erhalten, auf dem Sie entsprechend der Aufsichtsperson nur wenige Kürzel vermerken sollen, die Ihre Identität nur für das Prüfungsamt nachvollziehbar macht.

Obligatorische Elemente sind:

- Name des Bearbeiters
- Matrikelnummer
- Studiengang
- Bezeichnung der Klausur
- Bezeichnung der Lehrveranstaltung, in der die Klausur geschrieben wird
- Bezeichnung des Semesters (Winter/Sommer Jahr)
- Name des Dozenten, der die Klausur gestellt hat
- Datum

Fakultative Elemente sind:

- Name der Universität / Fakultät
- Semesterzahl

  (Dies hat allein den Zweck, dass der Übungsleiter einen Überblick erhält, wie der Durchschnitt ist, auf keinen Fall wird die Semesterzahl bei der Beurteilung berücksichtigt. Die ungefähre Semesterzahl lässt sich an den meisten Universitäten sowieso anhand der fortlaufenden Matrikelnummern ersehen. Und wer im dritten Semester meint, eine große Übung zu besuchen, der muss sich auch entsprechend messen lassen und die Erwartungen erfüllen, um zu bestehen oder gar die 10-Punkte Hürde zu schaffen. Hohe Semesterzahlen hingegen haben derart viele Ursachen, dass man darauf gar nicht achtet. Vielmehr erkennt man an der tatsächlichen Leistung, ob zu reinen Übungszwecken mitgeschrieben wurde, weil sich der Kandidat bereits auf Examensniveau befindet. Denn leider merken die meisten Studenten erst kurz vor dem Examen, dass es bei Klausuren neben dem Wissen vor allem auch auf Übung ankommt.)

- Telefonnummer des Bearbeiters

  (Diese könnte für den hoffentlich sehr seltenen Fall nützlich sein, falls die Klausur verloren geht.)

- Anzahl der abgegebenen Seiten

  (Zur Prüfung der Vollständigkeit, nicht zur Bildung eines Vorurteils, denn die Erfahrung lehrt, dass sehr viele Seiten bedeuten regelmäßig am Thema vorbei und viel Überflüssiges und viel zu wenig bedeuten, regelmäßig oberflächlich.)

- Der Satz, dass sich sämtliche Paragraphen, die nicht näher gekennzeichnet sind, auf solches des Strafgesetzbuches (StGB) beziehen.

  (Das spart ein wenig Zeit für die eigentliche Bearbeitung des Falles und mindert das Risiko, dass man es vergisst und einen Korrektor antrifft, der dies bemängelt, wenngleich es sicher keine Auswirkung auf die Noten haben wird.)

Beispiel eines Deckblatts (Klausur):

Herr stud. jur.
Hans-Peter Mustermann
Matr.-Nr. 1923987
Hauptfach, Staatsexamen

2. Klausur
Übungen zum Strafrecht
Wintersemester 2009/2010
Prof. Dr. Martin Böse

Datum: 26. Juni 2007
Bearbeitungszeit: 3 Stunden
Abgabe: 19.05 Uhr
Seitenzahl: 14 inkl. Deckblatt

Universität Bonn – Rechtswissenschaftliche Fakultät

3. Rand/Absätze

Beschreiben Sie stets nur die Vorderseite. Es verbessert nicht nur die Lesbarkeit, weil nichts durchdrückt, sondern vor allem hat es sich eingebürgert und so besteht nicht die Gefahr, dass etwas übersehen wird, was auf einer Rückseite steht. Auch vermeiden Sie den Verdacht, dass die Rückseite erst nach der Besprechung der Klausur geschrieben wurde.

Lassen Sie einen Rand für die Korrektur frei, mind. ein Drittel und üblicherweise auf der linken Hälfte des Papiers. Der Rand sollte auch möglichst nicht für eigene Korrekturen verwendet werden. Sollten Sie feststellen, dass Sie eine wesentliche Passage, etwa die Prüfung eines Tb-Merkmals oder die Darstellung einer entscheidungserheblichen Ansicht vergessen haben, so arbeiten Sie lieber mit Verweisen, bei denen Sie auch gleich auf die Seite hinweisen, auf der die Einfügung deutlich zu erkennen ist, ruhig auf eine Extraseite. Es ist vermeidbar, dass der Korrektor Ihnen zunächst etwas als falsch anstreicht und später erkennt, dass Ihnen der Fehler selbst aufgefallen ist.

Schreiben Sie Seitenzahlen, weil man in der Hektik vielleicht etwas durcheinander bekommt. Der Zorn des Korrektors wird sich sichtbar in Grenzen halten, wenn Sie für eine derartige Schadensbegrenzung gesorgt haben.

4. Schrift

Bei der Schrift ist die Lesbarkeit wichtig. Eine Klausur ist kein Liebesbrief und die begrenzte Zeit sollte natürlich primär in die Lösung des Falles investiert werden. Dennoch sollten gerade die Wörter, auf die es entscheidend ankommt, lesbar sein. Das sind vor allem die Wörter, auf die sich eine Argumentation oder eine Subsumtion stützt.

Wichtiger als eine perfekte Schrift ist hingegen eine auch optische Strukturierung der Arbeit, d.h. dass man nach jedem Gedanken/Tatbestandsmerkmal einen Absatz lassen sollte.

5. Ende der Bearbeitung/Unterschrift

Ans Ende der Bearbeitung gehört ein entsprechender Vermerk und ggf. eine Unterschrift.

WICHTIG:	Im Examen ist die Unterschrift nicht unter die Arbeit zu setzen, da dem Prüfer Ihre Identität nicht bekannt gegeben werden soll/darf.

E. Besonderheiten bei einer Hausarbeit

Eine Hausarbeit unterscheidet sich von einer Klausur in nur drei Punkten:

Es gelten andere Formalien, die einschlägigen Rechtsfragen sind wesentlich ausführlicher zu behandeln und fremde Ansichten, also Definitionen, Meinungen und Argumente sind durch Nachweise zu belegen.

I. Formalien

Die Formalien sind trotz ihres regelmäßig geringen Einflusses auf die Note zu beachten, denn sie dienen auch der Chancengleichheit, so dass ein Verstoß im schlimmsten Fall mit einem Täuschungsversuch geahndet werden könnte. Gleichzeitig dient die Platzbegrenzung auch dem Schutz der Studierenden, einfach zu viel zu schreiben.

Ansonsten gilt auch bei den Formalien der Grundsatz, dass eine spezielle Regel die allgemeinen Formvorschriften verdrängt, d.h. ein konkreter Bearbeitervermerk zu den Formvorschriften geht stets vor.

Soweit er keine entsprechenden Hinweise enthält gilt allgemein:

- Seitenrand im Gutachten[21] (links[22]): 7 cm,
- Schrifttyp: Times New Roman,
- Schriftgröße (Text): 12pt,
- Schriftgröße (Fußnoten): 10pt
- Zeilenabstand: 1,5fach
- Unterschneidungen: aus

---

[21] Deckblatt, Inhalts- und Literaturverzeichnis können einen geringeren Rand aufweisen.

[22] Die sonstigen Ränder sollten etwa 1-2 cm betragen. Nur im Notfall sollte weniger als 1 cm Rand gelassen werden. Regelmäßig ist Platzbedarf ein Hinweis, dass man etwas Überflüssiges streichen sollte. Selten hat der Aufgabensteller etwas übersehen, das so viel Platz in Anspruch nimmt, dass man auf Ränder verzichten muss.

- Skalieren: 100%
- Laufweite: normal

Anmerkung:	Sämtliche Versuche, sich durch die Manipulation einen Platzvorteil gegenüber seinen Mitstudenten zu verschaffen, sind zum Scheitern verurteilt, weil der Korrektur permanent richtig formatierte Arbeiten vor sich hat und eine Abweichung sofort ins Auge springt, ohne dass er extra nachmessen müsste. Jeder Korrektor freut sich, wenn Sie Platz dadurch sparen, dass Sie auf überflüssige Ausführungen verzichten und Ihren Geist nicht in die Formalien stecken, sondern in das materielle Gutachten.

1. Deckblatt

Beispiel eines Deckblatts:

Herr stud. jur. *Hans-Peter Mustermann* *Matr.-Nr. 2323987* *Hauptfach, Staatsexamen*	*Bonn, 26. Dezember 2015*

Hausarbeit
Übungen im Strafrecht WS 2015/2016
bei Prof. Dr. Martin Böse

Universität Bonn – Rechtswissenschaftliche Fakultät

2. Sachverhalt

Es ist üblich, den Sachverhalt abzuschreiben und ihn an das Format der Arbeit anzupassen. Das Abschreiben bringt zugleich den Vorteil, dass man sich den Sachverhalt bereits intensiver zu Gemüte führt.

3. Literaturverzeichnis

Das Literaturverzeichnis dient dem Leser dazu, die Nachweise finden zu können. D.h. sämtliche Literatur, die im Gutachten zitiert wird, muss ins Literaturverzeichnis. Auf der anderen Seite darf das Literaturverzeichnis nur diejenigen Werke enthalten, die auch tatsächlich zitiert wurden. Literaturverzeichnis und zitierte Literatur müssen also übereinstimmen.
Entscheidungen sind keine Literatur und gehören nicht ins Literaturverzeichnis. Zitierte Entscheidungen sind nämlich auch ohne Literaturverzeichnis auffindbar.

4. Gliederung

Die Gliederung entspricht einem Inhaltsverzeichnis, d.h. sie muss Aufschluss über den Inhalt der Arbeit geben und ein schnelles Auffinden ermöglichen. In der Gliederung müssen sämtliche Überschriften, die im Fließtext stehen mit der entsprechenden Seitenzahl genannt werden.
Wie die einzelnen Ebenen[23] der Gliederung bezeichnet werden, können Sie der hiesigen Gliederung entnehmen. Die hiesige Gliederung entspricht der einer üblichen Hausarbeit.

[23] Die Bezeichnung „Ebene“ wird auch von MS Word für Gliederungen verwendet. Sie können den Überschriften mit Word unterschiedlichen Ebenen zufügen, so dass Sie dann eine Gliederung automatisch einfügen lassen können.

- **„Wer a) sagt muss auch b) sagen."**

Soweit Sie allerdings in einer Ebene nur einen Eintrag haben, etwa weil nur die Strafbarkeit einer Person zu prüfen ist, dann verwenden Sie den Spiegelstrich. Das Gleiche ist beispielhaft auch mit der hiesigen Ebene erfolgt, weil die Ebene „d. Gliederung" nur einen Unterpunkt hat. Dieser Unterpunkt basiert auf der dazugehörigen Eselsbrücke, die auch Korrektoren immer noch kennen.

5. Gutachten

Das Gutachten selbst unterscheidet sich nicht wesentlich von einer Klausur, wenngleich die problematischen und die strittigen Tatbestandsmerkmale ausführlicher zu bearbeiten sind. Die einschlägigen Rechtsfragen sind anhand der jeweils bestehenden Streit- und Meinungsstände zu erörtern. Gleichzeitig ist eine fundierte und gründliche Auseinandersetzung mit den gegenläufigen Argumenten erforderlich. Anders als in einer Klausur, bei der es regelmäßig ausreicht, die zwei bis drei bekanntesten Meinungen darzustellen, kann es in der Hausarbeit angebracht sein, weitere Meinungen und auch Differenzierungen innerhalb der Meinungen darzustellen. Wie viele Meinungen man letztlich tatsächlich darstellt, ist eine Frage des konkreten Sachverhalts. Geht es etwa um die Abgrenzung zwischen Vorsatz und Fahrlässigkeit, so wird der Sachverhalt regelmäßig nicht genug Anhaltspunkte liefern, um eine differenzierte Darstellung zwischen den zahlreichen Ansichten zu ermöglichen. Hier besteht die Möglichkeit durch die Zusammenfassung (vermeintlich) unterschiedlicher Ansichten zu dokumentieren, dass man den dogmatischen Rechtsstreit durchdrungen hat und ihn für eine angemessene Falllösung aufbereiten kann. Für den Vorsatzstreit könnte dies etwa heißen, dass man die Theorien in kognitive, voluntative und objektive Ansichten einteilt.

II. Fußnoten

Allgemein zur Verwendung

Fußnoten sind keine Christbaumkugeln, die man möglichst gleichmäßig verteilt, damit die Arbeit „wissenschaftlich" aussieht. Fußnoten dienen dem Nachweis, dass das zu Papier gebrachte so in der Literatur bzw. Rechtsprechung vertreten wird und nicht „nur" die Einfälle des Verfassers oder eines sonstigen Dritten sind. Fußnoten gehören an Definitionen, Meinungen und Argumente.

1. Keine Blindzitate/keine Sekundärzitate

In eine Fußnote gehören nur Primärzitate, d.h. wenn Sie im Beulke Strafrecht AT lesen, dass Kindhäuser eine Ansicht vertritt, dann gehört nicht die Fundstelle Beulke Strafrecht AT in die Fußnote, sondern es ist die dort angegeben Fundstelle im Kindhäuser AT zu überprüfen und entsprechend zu zitieren. Die Lektüre der Originalstellen ist deshalb geboten, weil beim Zitieren durchaus Fehler unterlaufen können, die Sie nicht unbedingt weiter wachsen lassen möchten und vor allem, weil es sein kann, dass die Originalausführung weitere Details enthält, dass gerade die hiesige Rechtsfrage konträr entschieden würde. **Lesen Sie immer die Originalquelle.**

Anm.:	Musterlösungen enthalten meist sehr gut recherchierte Fußnoten, so dass Zitierfehler in Hausarbeiten recht häufig auffallen. Zudem kennen die meisten Korrektoren mit der Zeit die Ansichten der Professoren und wissen wer was vertritt.

Überwiegend in Anfängerhausarbeiten besteht ein häufiger Fehler beim Zitieren auch darin, dass für unterschiedliche Ansichten nur eine Quelle zitiert wird. Auch wenn man in einem Lehrbuch alle Ansichten dargestellt bekommt, so kann man nicht nur dieses Lehrbuch zitieren, sondern sollte die Originalstellen aus den obigen Gründen zumindest kurz gegenlesen und dann direkt zitieren. Der Kollateralvorteil besteht zudem darin, dass Sie Ihr Wissen ausbauen und verfestigen.

2. Korrelierende Fußnoten

Des Weiteren sollten die Fußnoten den eigentlichen Text auch untermauern. Wenn Sie schreiben, „Nach Ansicht der Rechtsprechung …“, dann gehört selbstverständlich auch die Rechtsprechung in die Fußnote und nicht eine Stimme aus der Literatur. Das gilt auch dann, wenn es sich bei der Literaturstimme um einen Richter handelt, der seine Meinung veröffentlicht. Im Gegenzug passt ein Nachweis aus der Rechtsprechung nicht zu der Behauptung, es handle sich um die herrschende Lehrmeinung; vielleicht ist es sogar die herrschende Meinung (also Literatur und Rechtsprechung).

Wenn Sie behaupten, dass eine Ansicht von der herrschenden Meinung vertreten wird, dann sollte sich dieser quantitative Aspekt im Umfang der Fußnote widerspiegeln, d.h. bei der herrschenden Meinung gehören zumindest einige Nachweise von Rechtsprechung und Literatur in die Fußnote.

3. Falsche Fußnoten

Keine Fußnoten gehören an Obersätze, Legaldefinitionen, Subsumtionen, Ergebnisse. Obersätze ergeben sich aus dem Gesetz, Legaldefinitionen ebenfalls. Das Gesetz muss nicht durch Fußnoten belegt werden.

Das Gesetz darf als bekannt vorausgesetzt werden und ist lediglich zu zitieren.
Subsumtionen sind die Leistungen des Verfassers und untrennbar mit dem konkreten Fall verbunden, so dass ein Nachweis wegen der Natur der Sache nicht erfolgen kann.[24]
Das Gleiche gilt daher auch für die Ergebnisse des konkreten Falles. Soweit die Rechtsprechung einen ähnlichen Fall zum Gegenstand hatte und zum gleichen Ergebnis gelangt ist, ist das nicht dasselbe, womit sich eine Fußnote verbietet.

[24] In einem solchen Fall werden Sie wahrscheinlich die Korrekturanmerkung finden, dass der zitierte Autor den Fall nicht kennt. Dieser zweifelhafte Humor dürfte pädagogisch wertvoll sein, um den Fehler zumindest kein zweites Mal zu begehen.

Anhang

Sammlung an Korrekturberichten:

Allgemeine Fehler/Bearbeitung

„Wer die Fehler der Vergangenheit in der Gegenwart nicht analysiert und korrigiert, muss sich nicht wundern, wenn ihn die Vergangenheit in Zukunft einholt."

THOM RENZIE

- Die Gewichtung der Fußnoten lässt erahnen, dass sich die meisten Verf. nicht im Klaren sind, welche Funktion Fußnoten haben.
  Zum einen stehen in den Fußnoten nicht die Vertreter der entsprechenden Ansichten, sondern die Stellen, an denen der Verf. die Meinung gefunden hat.
  Zum anderen ist es für den Umfang der Fußnote völlig gleichgültig, ob es sich um eine einfache Definition oder um den Nachweis für die herrschende Lehre handelt. Argumente in Streitentscheidungen werden häufig nicht belegt. Belegt werden hingegen Gesetzestext und Subsumtionen.

- Streitstände werden ohne Subsumtionen/Ergebnis dargestellt. Es bleibt daher für den Leser völlig offen, welche Relevanz die einzelnen Ansichten für den konkreten Fall haben.

- Subsumtionen werden durch Behauptungen ersetzt (wie bspw. mit „Das ist hier der Fall.").

- In Streitentscheidungen werden nur die Argumente der Meinung unreflektiert dargestellt, der man folgt und eine Auseinandersetzung mit der Gegenmeinung unterbleibt.

- Regelmäßig nehmen die Streitdarstellungen ein Vielfaches der anschließenden Entscheidungen ein, sodass eine Auswertung von Lit. und Rspr. meist sehr oberflächlich ist.

- Bereits in der Darstellung werden regelmäßig eine Vielzahl von Argumenten gebracht, so dass sich der dazugehörige Streitentscheid in den schlimmsten Fällen auf den Satz beschränkt, dass der Meinung sowieso aus den genannten Gründen zu folgen sei.

- Die Bearbeitung erfolgte in vielen Fällen ungenau und oberflächlich, wodurch auch die Probleme und Schwerpunkte des Falles oftmals nicht bearbeitet wurden.

- Bei der Formulierung der Obersätze werden regelmäßig bereits die Tatbestandsmerkmale, die noch zu prüfen sind, als erfüllt vorausgesetzt.
  Beispiel: S könnte sich wegen Urkundenfälschung strafbar gemacht haben, indem er eine unechte Urkunde zur Täuschung im Rechtsverkehr gebraucht hat, § 267 I Var. 3 StGB. Im Übrigen zitieren die Bearbeiter oftmals nur den Paragraphen ohne Absatz. Das ist besonders bei § 142 I Nr 2 StGB aufgefallen, wo es auf die genaue Zitierung ankam.

- Das größte Problem bzw. der größte Schwachpunkt der schlechten Arbeiten lag darin, dass die Streitentscheidungen unbrauchbar waren. Die Kandidaten wussten nicht, dass es für die Klärung einer abstrakten Rechtsfrage nicht auf den konkreten Fall ankommt. Daher finden sich regelmäßig die Versuche von Einzelfallgerechtigkeit in den Streitentscheidungen, aber keine Auseinandersetzungen mit den Argumenten der unterschiedlichen Ansichten.

- Grundlagen der Fallbearbeitung werden nicht beherrscht. Die Obersätze sind oftmals so ungenau, dass man erst Seiten später erfährt, was genau Gegenstand der Bearbeitung ist, wobei nicht selten notwendige Differenzierungen unterbleiben und alles durcheinander geworfen wird.

Sonstige häufige Fehler

formell

- Die meisten Bearbeitungen, die erkennbar Platzprobleme hatten, haben nicht einschlägige Probleme und Tatbestände geprüft. Der Platz hätte auch bei diesen Kandidaten völlig ausgereicht.

- Einige Kandidaten versuchten mit allen Mitteln, die Formatvorgaben über Gebühr auszuschöpfen, anstatt sich die Frage zu stellen, ob nicht vielleicht die Streichung überflüssiger Passagen die richtige Lösung sein könnte. Kleinere Schrift oder 1-facher Zeilenabstand verschafften Platzvorteile von bis zu 13 Seiten.

- Es gab keine einzige Arbeit, bei der die Formalien nicht zumindest ansatzweise beanstandet werden mussten.

- Es wird mit §§ 242-244 StGB angefangen und viele Seiten später dann § 249 StGB bejaht.

materiell

- Die Drogen als taugliches Tatobjekt bei § 249 StGB, obwohl diese unproblematisch im Eigentum der Polizei bzw. des Landes stehen.

- Das Bandenproblem ist noch nicht ausgestorben, aber viele Bearbeiter führen trotz der Entscheidung des Großen Senats vom 22.März 2001 die alte Rspr. noch als Vertreter für die damalige Ansicht an, dass zwei Personen bereits eine Bande begründen könnten.[25]

- Das Fahren zum Tatort wird häufig übersehen. Das hat zur Folge, dass viele das Problem der sukzessiven Beihilfe oder der Kausalität der Beihilfe erörtern. Das ist davon abhängig, ob als Beihilfehandlung das Wegfahren vom Tatort oder das Warten im Auto geprüft wird.

- § 142 StGB wird oft geprüft und bejaht, ohne dass sich die Verf. mit der Frage auseinandersetzen, ob es sich um ein verkehrstypisches Risiko handelt. Dies ist eine der Stellen, an denen man den Eindruck hat, dass sich die Bearbeiter gar keine Gedanken machen, was sie eigentlich aus Kommentaren und Entscheidungen abschreiben.

- Ebenso wird bei § 323c StGB und § 221 StGB nicht weiter erörtert, ob O überhaupt Hilfe braucht.

---

[25] Lesen Sie die Entscheidung des Großen Senat, BGHSt 46, 321, da sie auch methodisch sehr lehrreich ist.

- Soweit § 212 StGB geprüft wird, verkennen fast alle Bearbeiter, dass sich im objektiven Tatbestand das Problem der objektiven Zurechnung im gleichen Maße stellt. Als widersprüchlich wurde es daher gewertet, wenn bei § 212 StGB der objektive Tatbestand bejaht wurde, aber bei § 222 StGB nicht.

- Die Prüfung des § 227 StGB wurde als fernliegend angemerkt, da bereits der Grundtatbestand nicht vorlag und dies für die Verf. scheinbar selbst auch so offensichtlich war, dass § 223 StGB gar nicht geprüft wurde.

- Die Obersätze setzen oft Tatbestandsmerkmale voraus, die noch zu prüfen sind. Die im Obersatz genannte Handlung ist nicht immer auch die, die geprüft wird. Nicht selten werden auch alle möglichen Handlungen im Obersatz zusammengewürfelt oder pauschal als Verhalten bezeichnet.

- Zahlreiche abstrakte Formulierungen, wie „Es müssten die Voraussetzungen vorliegen; Es müsste der Tatbestand erfüllt sein, etc." führen nicht selten zu überlangen Bearbeitungen, bei denen die eigentlichen Schwerpunkte zu kurz geraten.

- Die Prüfung von § 25 II StGB bereitet erstaunlich viele Schwierigkeiten. Die Beteiligten werden zusammen geprüft oder der Tatfernste wird zuerst geprüft. Vor der Frage, was dem anderen überhaupt zugerechnet werden soll, werden erst einmal die Voraussetzungen des § 25 II StGB geprüft.

- Es ist nicht immer klar, ob die Bearbeiter wissen, dass es sich um eine Zurechnungs-norm handelt, bei der man zunächst den

Gegenstand der Zurechnung feststellten sollte, bevor man die eigentlichen Voraussetzungen der Zurechnungen diskutiert.

- Misslich bzw. ungeschickt sind auch seitenlange Ausführungen zu Streitständen, bei denen selbst die strengste Ansicht das TBM (nach Ansicht des jeweiligen Verf.) bejaht (konkret: Befugnistheorie beim Dreiecksbetrug).

- Die Arbeit mit Sachverhalt und Gesetz erfolgt nur sehr selten mit der gewünschten Sorgfalt. Normen werden ungenau oder unvollständig zitiert. Die Informationen des Sachverhalts werden beim Subsumieren nur oberflächlich berücksichtigt.

- Bei Obersätzen wird die maßgebliche (unterlassene) Handlung nicht genannt oder weicht von der später tatsächlich geprüften ab. (Im OS das Aufhängen des Schildes und in der Prüfung dann die Äußerungen in der Kneipe). Bei § 13 StGB nennen viele auch die Handlung, die der Täter in der Zeit vorgenommen hat, anstelle dass die unterlassene Handlung bestimmt wird.

- Unproblematische Tatbestandsmerkmale werden in einer Ausführlichkeit behandelt, dass den Verfassern die Fähigkeit, Schwerpunkte zu setzen, nicht attestiert werden kann. Man gewinnt den Eindruck, einige Verf. wollen gerade zu Beginn der Arbeit demonstrieren, dass sie den Gutachtenstil können.

- Feststellungen werden begründet. Das ist Urteilstil.

- Nach einer Definition ersetzen auffallend viele Studenten die Subsumtion mit dem Satz „Das ist hier der Fall.“.

- Subsumtionen finden oftmals nur im Kopf der Verfasser statt und bleiben daher für den Leser nicht nachvollziehbar.

- Problematische Tatbestandsmerkmale werden nicht immer anhand des Falles herausgearbeitet, sondern oft sofort als hoch umstritten bezeichnet, um sodann ohne Fallbezug in die Streitdarstellung überzugehen.

- Der Fallbezug einer Streitdarstellung wird von einigen auch noch dadurch im Verborgenen gehalten, dass auf sämtliche Subsumtionen unter den Ansichten verzichtet wird und stattdessen eine (überflüssige) Streitentscheidung erfolgt, weil die Einigkeit der Ansicht verkannt wurde.

- Innerhalb von Streitentscheidungen fehlte fast immer eine Auseinandersetzung mit der jeweiligen Gegenansicht. In der Regel glauben die Studenten, dass ein Verweis auf die genannten Ansichten für eine überzeugende Entscheidung genügen würde.

- Eine Vielzahl von widersprüchlichen Ergebnissen legt den Verdacht sehr nahe, dass viele Bearbeiter einfach unaufmerksam und unkonzentriert jeden einzelnen Tatbestand mit einem Tunnelblick prüfen.

Wenn Sie es geschafft haben, bis hierher zu lesen, dann gehören Sie bereits zu den 10% der Besten. Nunmehr müssen Sie lediglich die hiesigen Ratschläge solange üben und verinnerlichen, bis sie Ihnen ins Blut übergegangen sind. Dann sind Sie auch in Examen für den Fall gewappnet, dass Sie auf ein völlig unbekanntes Problem stoßen und Sie „nur“ Ihr Handwerkszeug zeigen können. Meine beste Examensnote

(13 Punkte) habe ich im Zivilrecht erlangt. Ich erkannte das Problem des Falles (die Unterschrift war nicht auf dem Testament, sondern auf dem Umschlag, in dem das Testament steckte). Ich kannte keinen Streit- und Meinungstand und keine Argumente. Ich hatte nur die Basics, d.h. die Auslegungsmethoden und ausführliche Subsumtionen, um letztlich sogar ein Testament für wirksam zu erklären, das keine Unterschrift trägt. Bei der Einsichtnahme in die Klausuren las ich sinngemäß die Anmerkung des Korrektors: Verf. beherrscht die Technik der Fallbearbeitung und es gelingt ihm, durch jur. Methodik, eine kaum vertretbare Ansicht überzeugend zu präsentieren.
Machen Sie sich also klar, dass Sie mit der Optimierung Ihrer Fallbearbeitungstechnik und Ihrer jur. Methodik am effektivsten Lernen.

Remonstration

Mit Hilfe einer Remonstration können Sie sich gegen eine fehlerhafte Bewertung Ihrer Leistung zur Wehr setzen. Eine Remonstration stellt somit ein Rechtsbehelf gegen eine Entscheidung des Korrektors Ihrer Arbeit dar.
Im Falle einer Remonstration setzt sich grundsätzlich zunächst der Korrektor selbst mit der Remonstration und seiner Bewertung auseinander und gibt eine Stellungnahme für den Übungsleiter ab, ob er die Remonstration für begründet hält oder nicht.
Die Erfolgsaussichten einer Remonstration sind statistisch gesehen sehr schlecht. Das hat seine Ursache allerdings nicht darin, dass die Korrekturen allesamt so gut sind, sondern vor allem darin, dass die Remonstrationen so schlecht sind, insbesondere weil bereits verkannt wird, wann überhaupt gegen eine Bewertung remonstriert werden sollte.

Eine Remonstration ist begründet, wenn die Korrektur fehlerhaft ist und die Arbeit eine bessere Benotung rechtfertigt, d.h. wenn der Fehler des Korrektors ursächlich für die schlechte Bewertung der Arbeit ist.
Eine Remonstration dient nicht dazu, etwa bei 3 Punkte „mangelhaft" um eine Zweitkorrektur zu bitten, ob nicht doch 4 Punkte „ausreichend" noch vertretbar sein können. Daher wird auch eine Remonstration keinen Erfolg haben, die damit begründet wird, dass die Benotung zu streng war. Allerdings kann es durchaus sein, dass ein Korrektor eine Arbeit, die er am Anfang der Korrektur zahlreicher Arbeiten, noch mit mangelhaft bewertet, später mit einem ausriechend bewertet hätte, weil er unter Berücksichtigung des Gesamteindrucks der Arbeiten einen geringeren Anspruch ans Bestehen stellt. Hier sollte jedoch dann eine Vergleichsarbeit zur Remonstration beigelegt werden, dass sich der Bewertungsmaßstab wohl während des Korrekturprozesses verschoben hat. Keinen Sinn hat eine solche Remonstration, wenn die Arbeit bereits zwei Unterschriften enthält. Dann hat der Übungsleiter die Arbeit nämlich bereits mit wohlwollenden Augen unter die Lupe genommen. Das ist nämlich der Grund, weshalb sich viele Professoren die nicht bestandenen Arbeiten vor Rückgabe an die Studenten persönlich ansehen.
Eine Remonstration kann jedoch auch dazu genutzt werden (und sollte es bei Übungsklausuren auch), wenn die Anmerkungen des Korrektors nicht ausreichen, um die Bewertung nachzuvollziehen und um ausreichende Erkenntnisse für eine konstruktive Nachbearbeitung zu gewährleisten. Das ist etwa der Fall, wenn die Arbeit lediglich bestätigende Haken und 12 Punkte „VB" als Note enthält. Gerade bei guten Noten sollten Sie remonstrieren, wenn nicht erkennbar ist, weshalb die restlichen Punkte zur 18 fehlen. Es gibt nämlich nicht

wenige Korrektoren, die selbst nie 18 Punkte geschrieben haben und glauben, dass man sie nicht vergeben könnte.
Professoren nutzen die volle Bandbreite der Benotung stets aus.[26] Sie freuen sich sogar, wenn ihnen eine solche Arbeit vorgelegt wird, die die Benotung mit voller Punktzahl rechtfertigt.[27]
Die erfolgreiche Remonstration zeigt zunächst auf, an welcher Stelle dem Korrektor ein Fehler unterlaufen ist, d.h. es reicht nicht aus, wenn man allgemein um eine Neubewertung bittet, sondern in einer Remonstration ist jeder Fehler der Korrektur konkret zu benennen; am besten mit Angabe der Seitenzahl und Darstellung, warum es sich um einen Fehler handelt. Ein Fehler kann auch darin bestehen, dass eine Leistung nicht berücksichtigt wurde, insbesondere ist es möglich – und mir auch passiert – dass eine Leistung zwar erkannt und als richtig bewertet wurde, dann jedoch in der Schlussbemerkung/ Zusammenfassung irrtümlich als fehlend oder falsch zur Grundlage der Benotung gemacht wurde. In einem solchen Fall sollte der Korrektor selbst seinen Fehler korrigieren und die Arbeit neubewerten.
Neben der Darstellung und Begründung, dass die Korrektur fehlerhaft ist, muss auch dargestellt werden, dass die Benotung besser ausgefallen wäre, wenn die Korrektur fehlerfrei gewesen wäre. Hierzu dürften Ihnen die oben dargestellten Grundsätze zur Bewertung von Gutachten dienen. Wenn der Korrektor Ihnen also unterstellt, Sie hätten Probleme des Falles übersehen oder falsch bearbeitet, dann dürfte ein solcher Korrekturfehler definitiv Einfluss auf die Bewertung gehabt haben.

[26] Prof. Puppe hat beispielsweise eine Arbeit mit 18 Punkten bewertet, obwohl die Arbeit einen Fehler enthielt. Da jedoch ein sehr renommierter Professor diesen Fehler ebenfalls macht, obwohl ihm mehr als nur 5 Stunden zur Verfügung standen, sollte dem Studenten kein Nachteil entstehen.
[27] Mir ist allerdings keine Arbeit bekannt, die auf ein „sehr gut“ angehoben wurde. Allerdings ist eine Verbesserung von „befriedigend“ auf „gut“ nicht unmöglich.

Weiter gibt es selbstverständlich auch Fehler, die in den unteren Punktebereich keine spürbare Relevanz haben, etwa leichte Ungenauigkeiten bei der Subsumtion oder den Gesetzeszitierungen. Grundsätzlich spricht sodann viel dafür, dass ein Fehler des Korrektors keine Relevanz für die Bewertung hat, wenn der angebliche Fehler von Ihnen nicht zur Begründung der Note herangezogen wurde. Stellen Sie also selbst fest, dass sich Ihre Note auch ohne den angeblichen Fehler gut vertretbar begründen lässt, dann wird Ihre Remonstration wenig Aussicht auf Erfolg haben. Dann investieren Sie die Zeit lieber in eine gute Nachbearbeitung der Arbeit oder der Lektüre eines Buches zur Fallbearbeitung. Ich empfehle Ihnen die „Kleine Schule des jur. Denkens" von Prof. Puppe. Es wird Ihnen mehr Punkte bringen als jede Remonstration.

Überlingen, 30.06.2016

Printed in Germany
by Amazon Distribution
GmbH, Leipzig

20172813R00057